BASTEI
LÜBBE

BERNDT SCHULZ

DENNIS HOPPER

Schauspieler/Regisseur/Fotograf

BASTEI LÜBBE

BASTEI-LÜBBE-Taschenbuch
Band 61 171

Erstveröffentlichung

Printed in West Germany, Oktober 1990
Einbandgestaltung: Roberto Patelli
Titelbild: Sipa-Press
Satz: Fotosatz Froitzheim, Bonn
Druck und Bindung: Ebner Ulm
ISBN 3-404-61171-3

Inhalt

Vorwort

Dieses Buch gibt Einblicke in das Leben, die Karriere und das Werk eines der ganz Großen Hollywoods: Dennis Hopper hat das Bild des Films seit fast vierzig Jahren mitgeprägt.
Als Kultfigur nach »Easy Rider« gefeiert, stürzte Hopper ab in einen Alptraum aus Selbstzweifeln, Wahnsinn und Drogen. Seine Karriere schien beendet, doch dann feierte er ein glänzendes Comeback. Heute ist Hopper als Regisseur, Darsteller und Fotograf weltweit anerkannt. Die vorliegende biographisch orientierte Darstellung versucht, seiner Rolle und Wirkung in der Geschichte des modernen Films, vor allem auch als Rebell in Hollywood, gerecht zu werden.

Berndt Schulz
Frankfurt, Juni 1990

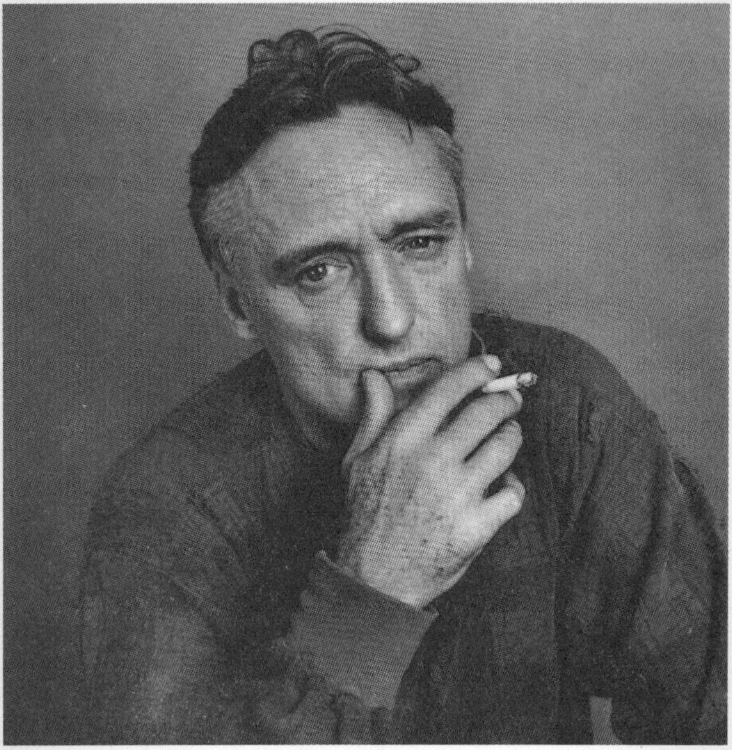

Idol, Außenseiter, Maniac – Dennis Hopper und die »inspirierte Zeit« der Rebellion

Dennis Hoppers Filmkarriere begann früh und schien sehr früh auch schon wieder zu Ende. Sie endete dreimal. Und dreimal gelang dem Star ein Comeback. Daß er es immer wieder schaffte und heute als Regisseur, Schauspieler und Fotograf anerkannt ist, lag vermutlich an seiner vielfältigen Begabung, an guten Freunden – und an einem unglaublich hartnäckigen Überlebenswillen.
Als Regisseur ist Dennis Hopper heute ein gefragter Mann. Seine Filme in eigener Regie – »Easy Rider«, »The Last Movie«, »Out of the Blue«, »Colors – Farben der Gewalt«, »Backtrack« und »Hot Spots« – sind entweder künstlerische Meisterleistungen oder Kassenschlager (oder beides).
Als Schauspieler wurde Dennis Hopper ausgebildet am »Actors Studio« in New York nach der Stanislawski-Methode, der sich Stars wie Marlon Brando, James Dean, Mickey Rourke und auch Marilyn Monroe unterzogen. Dort erlebte Hopper, wie sich das traditionelle Hollywood gegen ihn, den Heißsporn mit den eigenen Ansichten, dem eigenwilligen darstellerischen Konzept und der rebellischen Haltung, sträubte.

Den Kampf gegen Hollywood hat Hopper sein Leben lang geführt. Es begann mit dem Nicholas-Ray-Film »Denn sie wissen nicht, was sie tun« und führte zur Katastrophe in Henry Hathaways Western »Schieß zurück, Cowboy«. Der Regisseur demütigte Hopper und feuerte ihn danach.
Jahrelang interessierte sich kein Mensch für Hopper. Er hielt sich mit Nebenrollen über Wasser und baute seine künstlerischen Interessen auf anderen Gebieten aus. Seine privaten Affären liefen durchaus parallel mit dem Auf und Ab seiner beruflichen Karriere.
Erst mit dem Kultfilm »Easy Rider«, den Hopper inszenierte und in dem er auch – neben Peter Fonda und Jack Nicholson – spielte, befreite er sich von dem »Berufsverbot«, das das offizielle Hollywood ihm jahrelang auferlegt hatte. »Easy Rider« machte Dennis Hopper zur Kultfigur.
Doch mit diesem neuen Status kam der sensible Hopper nicht zurecht. Privaten Krisen folgten künstlerischen Mißerfolgen und umgekehrt. Die Folgen waren für den kreativen Künstler fatal: Drogenexzesse, Irrenanstalten, Entziehungsheime.
Er hat sich immer wieder selbst aus dem Sumpf gezogen. Nicht zuletzt auch deshalb, weil er ein Metier professionell beherrschte, das er in völliger Unabhängigkeit betreiben konnte: die Fotografie.
Dennis Hopper hatte bereits mit achtzehn Jahren zu fotografieren begonnen. Vor allem aber die Fotos aus den 60er und 70er Jahren brachten ihm viel Anerken-

nung. Ausstellungen auf der ganzen Welt, in den letzten Jahren auch in der Bundesrepublik, beweisen sein Talent als Fotograf.

Als Kunst-Sammler trug Dennis Hopper außerdem seinen Teil dazu bei, die Pop Art noch vor der Zeit bekannt zu machen, als sie offiziell anerkannt wurde. Er besitzt heute in seinem Haus in Venice, Los Angeles, eine Bilder-und-Objekte-Sammlung von großer Bedeutung.

Dennis Hopper – der Außenseiter, der Rebell, das schwarze Schaf: heute hat er mit sich und der Welt Frieden geschlossen. Nur noch auf der Leinwand tritt er hin und wieder als Bösewicht auf, wie etwa in David Lynchs Thriller »Blue Velvet«, in dem er als sozialgeschädigter Sex-Psychopath mit der Äthermaske Grauen verbreitet.

In dieser Rolle und in anderen ist Hopper auffällig eindringlich; denn er scheut sich nicht, die Erlebnisse seiner eigenen Jugend nachzuempfinden, um sie in die Rollenpsychologie seiner Leinwandfigur einzubauen. Das hat die Lehre vom »Method Acting«, der Hopper anhängt, immer verlangt: mit den eigenen Erfahrungen eine Rolle seelisch auszufüttern. Deshalb sind von Hopper dargestellte Wahnsinnige immer besonders aufregend. Sie verweisen auf seinen eigenen latenten und zeitweise auch ausgebrochenen Wahnsinn.

Die »inspirierte« Zeit seiner Drogenexperimente, künstlerischen Avantgardegesten, Rebellionen, wie Hopper die Jahre der Opposition selbst nennt, ist für

ihn vorbei. Sein Interesse ist heute: gute und unterhaltsame Filme zu machen.
Hollywood und die amerikanische Filmindustrie brauchen einen solchen Mann. Einen Künstler, der bei jedem Einsatz alles gibt, der selbst in kleinsten Nebenrollen spielt, als sei es sein letzter Auftritt. Der seinen Filmen die Regie eines Weltbildes aufprägt, das sich an visuellen Wahrheiten, nicht an Theorien oder Marktstrategien orientiert. Ein Mann mit allen Erfahrungen, die jemand haben kann, der im Filmgeschäft überlebt hat.
Obwohl Dennis Hopper in Zukunft vermutlich mehr und mehr als Schauspieler verschwinden und auf dem Regiestuhl Platz nehmen wird, ist es sicherlich sein

Status als Schauspieler großer Rollen, der ihn zum Star und zur lebenden Legende macht.
Darstellungen wie in »Giganten«, »Easy Rider«, »Kid Blue«, »Apocalypse Now«, »Der amerikanische Freund«, »Rumble Fish«, »Blue Velvet«, »Das Messer am Ufer« oder »Flashback« sind unvergeßlich. In diesen Leinwandgestalten verewigte Dennis Hopper seine unvergleichliche darstellerische Intensität.
Und so wie er als Regisseur Filmbilder plastisch zu machen versteht, indem er sie bis an die Ränder mit visuellen Informationen füllt, so schafft er es als Schauspieler, Emotionen und Erfahrungen zu bündeln und fast schmerzhaft auf den Punkt zu konzentrieren.
Als einer der wirklichen Rebellen Hollywoods, nicht als einer von der Sorte, die nur so taten, um ein Image zu bekommen, ging Dennis Hopper in die Filmgeschichte ein.

Dennis Hopper und Hollywoods Rebellen

Hopper gehört zu der Generation von Schauspielern, die nach dem Zweiten Weltkrieg in der nordamerikanischen Filmindustrie für Furore sorgten. Fünf Jahre jünger als James Dean, zwölf Jahre jünger als Marlon Brando, sechzehn Jahre jünger als Monty Clift, vier Jahre älter als Peter Fonda, steht er in der Mitte dieser »Guerilla-Künstler des Films« (so nannte Hopper seinen Freund Dean), die mit Emotionen, psychologischer Spielweise und totalem Engagement ins verkrustete System der Filmtraumfabrik einbrachen.

Darauf war Hollywood nicht vorbereitet. Aber es reagierte schnell. Daß in einer Nachkriegsgesellschaft, die Atombomben produzierte und in der die Väter längst ihre Autorität im Krieg verloren hatten, Rebellion angesagt war, zeichnete sich allzu deutlich ab. Weil die junge, rebellische Generation den Hauptanteil an Kinobesuchern stellte, waren plötzlich »Rebel Heroes« auf der Leinwand gefragt. Die gab es auch schon vorher mit Schauspielern wie John Garfield, Sterling Hayden oder auch Farley Granger. Doch erst jetzt, im besonderen Klima der Zeit, stiegen sie zu absolutem Starruhm auf.

In Clift, Brando, Dean, Hopper und Co. erkannten sich die Jugendlichen wieder. Später kamen im US-Film

Darsteller wie Peter Fonda und Jack Nicholson, in Europa proletarisch angehauchte Helden wie Horst Buchholz, Jean-Paul Belmondo hinzu. In Frankreich reüssierte außerdem ein Rebellentyp wie Jean-Pierre Léaud, und in Polen schaffte es Zbigniew Cybulski, an den Standard der US-Rebellen anzuknüpfen, deren Tugenden Gefühl und Härte und deren Perspektive der mehr oder weniger heftig artikulierte Protest gegen die abgewrackten Ideale in Familie und Gesellschaft waren.

Montgomery Clift war, noch vor Brando und Dean, der erste männliche Star des Kinos geworden, mit dem sich die Jugend identifizierte. Seine Botschaften – Menschlichkeit, Aufrichtigkeit, Protest gegen die zerstörerische Welt der Erwachsenen – waren seit seinem Debütfilm »Die Gezeichneten« (1948) präsent.

Äußerlich schien Clift der geborene Verlierer. Wer in seine Augen sah, entdeckte die Verletzungen in seiner Seele. Sein Gang war eckig und schleppend, seine Stimme leise, sein Lächeln erstarb schnell. Aber weil er Menschen verkörperte, die in einer kaputten Welt liebesfähig bleiben wollen und an ihren persönlichen Prinzipien geradezu selbstmörderisch festhalten, war er in Wirklichkeit der Überlegene. Einer, der in der Einsamkeit tapfer, im Schmerz stark und in einer hartgesottenen Welt gerecht ist. In seinen Rollen erschien er als er selbst.

Clifts erotische Ausstrahlung war phänomenal. Als absolutes Teenager-Idol der 50er Jahre entfesselte er einen geradezu hysterischen Kult der Begeisterung. Er, der sich zur Homosexualität bekannte, nachdem er lange versucht hatte, diese Veranlagung zu unterdrükken, verkörperte auf der Leinwand die verletzliche, romantische Seite der Sexualität. Er war der ideale Liebhaber in allen Teenager-Phantasien: gutaussehend, jung, einsam.

Dieser Liebling der Mädchen und Frauen war als Leitbild des unabhängigen Rebellen auch eine Identifikationsfigur für männliche Fans. Das unbestechliche Idol für ein aufrichtiges, ungebundenes Leben veränderte das Klima in Hollywood.

Marlon Brando dagegen galt als Aufrührer seit seinem ersten Tag in Hollywood im Jahr 1949. Er war ein Rüpel, der sich nicht um die Konventionen der Traumfabrik scherte. Mit Kaltschnäuzigkeit und unstandesgemäßem Aufzug schockte er die Filmpäpste.

Nach seinem ersten Film »Die Männer« (1951), in dem er einen desillusionierten Kriegsversehrten spielt, brachte er knochenharte Underdogs, legendäre Landrevolutionäre, zornige Motorradrocker und proletarische Gewerkschafter auf die Leinwand. Er nannte den Oscar »einen Eimer voll Scheiße« und heizte Hollywood mit dezidierten Ansichten ein.

Er haßte Autoritäten, war deshalb als Junge von allen Schulen und von der Militäranstalt geflogen, hatte sich als Limonadeverkäufer und Amateurphilosoph durchgeschlagen und ließ sich auch von den großen alten Männern der Filmindustrie nicht beeindrucken.

Brandos Anziehungskraft lag nicht nur in seiner herausfordernden Jugendlichkeit begründet. Neben seinem ebenmäßigen, schönen Gesicht mit der Römernase, den sinnlichen Lippen, dem klaren Blick, hatte er eine athletisch hochgewachsene Figur und vor allem die überzeugende Ausstrahlung innerer Lässigkeit, frecher Arroganz und unerwarteter Liebenswürdigkeit zu bieten. Er verkörperte den harten, aber hochempfindlichen Macho. Brando veranschaulichte das Unbehagen der Nachkriegsjugend auf der Leinwand sehr genau. Die Mischung aus Wut über das Versagen der Elterngeneration und Angst vor den Bedrohungen des kalten Krieges mit atomarem Overkill verkörperte er in unnachahmlicher Weise. In seinem Zimmer hing in jener Zeit der Wandspruch: »Du lebst nicht, wenn du's nicht merkst.«

In einer Gesellschaft, die Anpassung fordert, hatte Brando keine Lust zu funktionieren. Er verbreitete Mißmut, widersetzte sich, dachte gar nicht daran, einen aufgekratzten und smarten Jung-Amerikaner darzustellen, der den Erfolg braucht und Whisky schlürft. Er muckte gegen die Hollywood-Bosse auf und scheute auch große Prozesse nicht. Wenn es ihm zuviel wurde, brauste er auf seiner Harley Davidson davon.

James Deans Story ist eng verknüpft mit der von Dennis Hopper. Die beiden Männer lernten sich auf dem Set von »Denn sie wissen nicht, was sie tun« kennen. Die Spielweise des einen ist ohne Kenntnis der Spielweise des anderen kaum zu verstehen.

Dean, der »Guerilla-Künstler«, wurde mit »Jenseits von Eden« (1955) zur Kultfigur. Von der Anfangseinstellung dieses Films an ist seine spastisch anmutende Leidensfähigkeit, die Unsicherheit seiner jugendlichen Energie, die frustrierte Unschuld zu sehen. In seinem Gesicht spiegeln sich die Wahrheit und der Schmerz des Verletzten und des um sein Lebensrecht kämpfenden Heranwachsenden.

Eines ärgerte »Jimmy« Dean besonders: wenn man ihn den »Brando der armen Leute« nannte. Kritiker, die so urteilten, verstanden nicht seinen im »Actors Studio« erlernten, authentischen Stil mit verrutschtem Ausdruck, animalischer Haltung, dem körperlichen Begreifen der Rolle. Dean wurde – wie Hopper – mit dieser Spielweise zum wilden Kerl der Traumfabrik. Er unterwarf sich nicht der Publicity und pfiff auf taktisches Schulterklopfen.

Hollywood konnte ihm nicht imponieren. Er hatte miterlebt, wie junge Talente von den Studios ausgebeutet und unter einem manipulierten Image erstickt worden waren. Das sollten sie mit ihm nicht versuchen. Schäbige Kleidung, unrasiertes, mürrisches Gesicht, widerspenstige Frisur: Dean machte keine Konzessionen an gesellschaftliche Standards.

Peter Fonda war gewissermaßen rebellisch von Anfang an. Als Kind eine wahre »Trip«-Gestalt, reich an Neurosen. Mit zehn Jahren, als sein Vater Henry Fonda nach dem Tod der Mutter erneut heiratete, schoß er sich eine Gewehrkugel in den Bauch. Mit 16 ging er

vom College, nachdem er einen unverschämten Lehrer geschlagen hatte. Das schwarze Schaf des Fonda-Clans mußte sich gegen seinen übermächtigen Vater behaupten.
»Die wilden Engel« (1966) brachten ihm seinen ersten Riesenerfolg. Mit der Gage von 300 000 Dollar und Dennis Hoppers Unterstützung konnte er »Easy Rider« finanzieren, den Hopper inszenierte.
Danach hatte er das Image des Weltveränderers, obwohl er wußte, daß sein einziges Talent im Schauspielen lag. Er pflegte sein Image aus Überzeugung, ging für Martin Luther Kings Rassengleichheit, gegen Atomrüstung und für »Legalize Pot« auf die Straße. Er zerriß seinen Einberufungsbefehl nach Vietnam säuberlich in 16 gleichgroße Fetzen und schickte sie Präsident Lyndon B. Johnson mit freundlichen Grüßen.
Fonda blieb ein Querdenker mit Stil. Selbst nachdem er in den 70er Jahren seine Millionen durch idealistische Filmprojekte verschleudert hatte, drehte er ausschließlich Filme, die mit seiner politischen Moral übereinstimmten.
Das neue Klima, das die Rebellen nach Hollywood brachten, hatte vor allem eben damit zu tun: sie spielten aus Überzeugung, nicht allein wegen Geld und Erfolg. Darin stimmten sie alle überein.
Und sie propagierten diesen neuen Stil des »Method Acting«, der psychologisch orientierten, an der eigenen Lebensgeschichte ausgerichteten Spielweise, die in Hollywood wie eine Bombe einschlug. Dennis Hopper

wurde dieser Stil zum Verhängnis. An ihm statuierte die Filmindustrie ein Exempel und schmiß ihn raus. Aber letztlich ist doch mehr Hopper übriggeblieben als konventionelles Hollywood.

Das Rebellenkino der 50er Jahre insgesamt hat überlebt. In den Motorradfilmen der 60er Jahre, den Aussteigerfilmen und dem Flower-Power-Kontrastprogramm der 60er und 70er Jahre, den Streetfighterfilmen der 70er und 80er Jahre setzt es sich fort.

Auch heutige Teenager-Stars eifern danach, es den Großen des Rebellenkinos nachzutun und mit der Welt der Erwachsenen unfreundlich umzugehen. Aber wenn in der Kinowelt von Dean, Brando, Hopper, Fonda die Rebellen angeblich noch überwiegend »Rebellen ohne Ziel«, wenn auch mit ausreichender Wut im Bauch waren – die Jungstars von heute wissen genau, was sie tun.

Sie streben nämlich nach Erfolg. Und sie halten zusammen. Im sogenannten »Brat Pack« treffen sich Stars wie Ralph Macchio, Rob Lowe, Matt Dillon, Emilio Estevez, Nicolas Cage, Christopher Penn, Sean Penn, Judd Nelson – und andere.

Sie alle sind mehr oder weniger rebellische junge Film-»Krieger«, oft nur mit der Geste der Rebellion behaftet, manchmal auch anarchistisch bis auf die Knochen, wie Sean Penn oder Mickey Rourke.

Die Welt und Kinowelt ändert sich. Selbst Dennis Hopper sagt heute, die Zeit seiner Rebellion sei vorbei. Dabei hat gerade er exemplarisch vorgelebt, wie das konservative Hollywood zu verändern war. Und auf andere Art ist dieser Dennis Hopper noch immer ein Rebell. Wenn auch nicht einer, der mit Motorrad, Musik und Marihuana Staub aufwirbelt, so doch ein Schauspieler und Regisseur, der mit heißen Themen, wagemutigem Spiel und extremen Ansichten die Filmbosse das Fürchten lehrt.

Das Leben – ein Thriller

Biographie

Dennis Hoppers Leben gleicht einem Drehbuch zu einem Film. Er durchlief alle Höhen und Tiefen. Er suchte nach Wahrheit und Gerechtigkeit und war getrieben von einer Neugierde, die ihn an den Rand seiner eigenen Existenz brachte. Dieser Mann verausgabte sich in seinem unbändigen Interesse, alles zu erleben, jeden kennenzulernen, soviel wie möglich weiterzutreiben.
Schon als kleiner Junge besaß er die Vorstellung, einer zu werden, der Amerika ein Stück weiterbrachte. Irgendeiner zu werden zwischen Billy The Kid, John Wayne und Jesus.

Kindheit

In seinem Fotobuch »Out of the Sixties« schreibt Dennis Hopper als Einführung: »Ich wurde 1936 in Dodge City, Kansas, auf einer Farm geboren. Ich sah das sich verändernde Licht am Horizont und beobachtete den starken Regen, der in Pfützen prasselte ...« Und später: »Gott war überall, und ich war verzweifelt. Ich atmete Benzin ein und sah Clowns und Kobolde in den Wolken. Ich war Errol Flynn und Abott und Castello ...«

Poesie im Blick und später in der Feder und in der Kamera – die großelterliche Farm in der Nähe des mystischen Western-Ortes Dodge City, in dem einst der Marshall Wyatt Earp legendäre Siege erfochten hatte, aktivierte Dennis Hoppers Phantasie, der einsam aufwuchs.

Er glaubte von Anfang an, im Kampf gegen die Natur zu stehen, gegen Insekten und Kühe, Kälte und Hitze. Er durchstreifte die endlosen Wälder, deren Stille nur hin und wieder von einer hindurchdampfenden Eisenbahn gestört wurde, baute Baumhäuser und seilte sich wie Tarzan aus der Höhe ab. Und seine geheimnisvollen Feldzüge gegen imaginierte Indianer, die aus den Bergen herunterkamen, beschäftigten oft genug die Nachbarn, die sogar nachts von eigentümlichen Schreien im Schlaf geweckt wurden.

Als kleiner Junge wollte Dennis vor allem wissen, wie hoch die Berge am Horizont sind und warum es in den Städten Wolkenkratzer gibt. Als er als Dreizehnjähriger Berge und Wolkenkratzer mit eigenen Augen bei Reisen sah, war er enttäuscht. Die erste große Lehre: die Realität hält der Einbildung nicht stand.

Diese Einschätzung gewann Dennis auch, als er zum ersten Mal ins Kino ging. »Die Welt auf der Lein-

Dennis Hopper, noch jugendlich in »Kid Blue«.

wand«, erinnerte er sich später, »war die reale Welt. Ich fühlte im Kino, wie mein Herz gleich explodieren würde, und ich wünschte mir so sehr, ein Teil dieser imaginären Welt zu sein.«

Als sechsjähriger Junge erlitt dieses in mythischen Phantasiewelten aufwachsende Kind seinen ersten Schock. Die Mutter erzählte ihm eindringlich, der Vater sei im Krieg gefallen. Auch die Großeltern, zu denen Dennis ein sehr ausgeprägtes Verhältnis hatte, glaubten diese Nachricht und trösteten Dennis.

Aber der Vater war nicht tot. Die Meldung von seinem Ableben war fingiert. Der Offizier mußte 1945 in Peking die Kapitulation der Japaner entgegennehmen – Geheimdiplomatie. Als er nach dem Krieg nach Hause zurückkam, war der Schock für Dennis noch größer.

Begabung

Als Dennis Hopper sechzehn war, zog die Familie nach San Diego um, weil die Asthmakrankheit seines Bruders David sich verschlimmert hatte. Für Dennis, der in dieser Zeit zu fotografieren und zu schauspielern begann, war das ein Glücksfall.

Er jobbte im »La Jolla Playhouse«, war Laufbursche für die Schauspielerin Dorothy McGuire und für ihren Ehemann, den Fotografen John Swope – der übrigens ein

Intimfreund von Henry Fonda, dem großen Hollywood-Star, war.
Dennis Hopper kam überraschend an ein Stipendium für das »National Shakespeare Festival«. Er ergatterte ein paar kleine Rollen im »Old Globe Theatre«, unter anderem den Lorenzo in »Der Kaufmann von Venedig« oder einen Passanten in der Dramatisierung von James Cains »The Postman Always Rings Twice«, und er fiel nach einer Darstellung eines Epileptikers in der TV-Serie »Medic« einem Talentscout der Filmindustrie in die Hände.
Plötzlich jagten sieben Filmstudios den Nachwuchsschauspieler, plötzlich hielt der begabte Junge aus der Provinz einen Siebenjahresvertrag der »Warner Brothers« in den Händen, der ihm 200 Dollar pro Woche garantierte – eine Menge Geld für einen aufstrebenden Achtzehnjährigen im Heer der aufstrebenden Achtzehnjährigen, die in die Traumfabrik nach Hollywood drängten.
Als Hopper in Hollywood ankam, hatte er ganze 13 Dollar Erspartes und eine ganze Menge Flausen im Kopf, er verehrte John Barrymore und W. C. Fields und kannte Gene Fowlers »Minutes of the Last Meeting« auswendig, eine Dokumentation über die Alkohol-und-Drogen-Künstler-und-Philosophen der goldenen dreißiger Jahre.
Aber die erste intensive Begegnung mit dem, was Hollywood in jenen Jahren repräsentierte, war das Verlangen des Columbia-Bosses Harry Cohn, man

möge doch diesem jungen Mann »den Shakespeare austreiben«. Dennis, der intensiv die alten Meister las, war entsetzt.
Die Schauspielerin Dorothy McGuire wurde zu einem Glücksfall in der frühen Karriere des Schauspielers. Durch ihre Bekanntschaft erhielt Hopper als Achtzehnjähriger, in einer Zeit, die Rebellen auf der Leinwand ins Filmgeschäft brachte, eine Rolle in Nicholas Rays »Denn sie wissen nicht, was sie tun.« Und er lernte James Dean kennen.

Freundschaft mit James Dean

Hopper hielt sich damals für das größte Schauspieler-Talent der Westküste. Doch in James Dean, den er verehrte, erkannte er neidlos einen noch Größeren an. Dean wurde sein Lehrmeister und sein Freund, mit dem er sich hingebungsvoll identifizierte. Hopper akzeptierte das geniale Talent und die geniale Individualität des Ausnahmestars, der fünf Jahre älter war und noch im ersten Jahr ihrer Freundschaft bei einem Autounfall starb.
Hopper ist von der kurzen und tragischen Freundschaft zu Dean sehr geprägt worden. Insider warnen sogar noch heute, Hopper an die Affäre zu erinnern – er

könnte zu weinen beginnen. »Jimmy« Deans früher Tod wurde zur großen Tragödie in Dennis Hoppers Leben, denn durch ihn, den er wie einen älteren Bruder liebte und verehrte, der wie er selbst ein einsamer Farmboy aus dem Mittelwesten war, fand er seinen eigenen Weg zu Selbstvertrauen und Selbstbehauptung.

»Dean war die größte Offenbarung für mich«, sagt Hopper noch heute. »Von ihm lernte ich den Satz: Tue es, zeige es nicht nur! Dieser simple Satz war für mich eine schauspielerische Goldgrube.«

Hopper glaubt noch heute, daß durch James Dean die Wiedergeburt des neuen amerikanischen Films, fünfzehn Jahre bevor er selbst mit »Easy Rider« eine Erneuerung hervorbrachte, eingeläutet worden ist. Eine Wiedergeburt, die Dennis Hopper, nach dem frühen Tod Deans, glaubte stellvertretend weiterzuführen und beenden zu müssen.

Dennis Hopper lernte Dean am Drehort zu »Denn sie wissen nicht, was sie tun« kennen. »Zwischen uns«, sagt Hopper, »bestand tatsächlich eine Lehrer-Schüler-Beziehung, die einzige, die er, soviel ich weiß, je gehabt hat. Eines Tages schnappte ich ihn mir und sagte: ›Paß auf, Mann, ich muß wissen, wie du das machst, weil du der Beste bist!‹ Er fragte mich ganz ruhig, warum ich Schauspieler bin, und ich erzählte ihm, was für ein Alptraum mein Zuhause gewesen war, wo jeder verrückt spielte, weil er nicht das machte, was er wollte, und wo ich angebrüllt wurde, wenn ich was Kreatives machen wollte, weil kreative Leute angeblich als Säufer enden ... Jedesmal stellten Jimmy und ich fest, daß wir beide Neurotiker waren und unsere Neurosen durch Kreativität rechtfertigen, den Schmerz ans Tageslicht brachten, um ihn mit jemandem zu teilen. Danach beobachtete er mich, wenn ich spielte. Ich wußte nicht mal, daß er da war. Er kam dann zu mir und murmelte: ›Warum spielst du die Szene nicht mal so!‹ Und er hatte immer recht.«

Beispiele für »Method Acting«: Etwas tun, nicht es zeigen (James Dean). Dennis Hopper ist in dieser Darstellungsweise ein Meister.

»Method Acting«

Die neue Schauspieltechnik, die James Dean benutzte und die er an Dennis Hopper weiterzugeben versuchte, nannte sich »Method Acting«.

Der erste Schauspieler, der sie angewandt hatte, war John Garfield gewesen, der Star des »Group Theaters« von Elia Kazan und Lee Strasberg in den 30er und 40er Jahren. Garfields Darstellung in solchen Filmen wie »The Postman Always Rings Twice« (1946) nahm einen Marlon Brando vorweg, der endgültig mit »Endstation Sehnsucht« (1951) Furore machte und einen Dean in »Jenseits von Eden« (1954), beide Filme unter der Regie von Kazan.

Die Vorstellung von Wahrheit in der Methode des »Actors Studio« – etwas tun, nicht es zeigen (Dean) – zwingt den Darsteller zum absoluten biographisch orientierten Einsatz. Die Methode entfernte die schauspielerische Darstellung völlig von der bis dahin geltenden Regel, theatralisch, also an Theater und Literatur orientiert, zu agieren. Leben statt Literatur hieß die Devise. Und Dennis Hopper, der sich ebenso als Poet, Maler, Fotograf sah wie als Schauspieler, konnte kaum einer Lehre widerstehen, die verlangte, daß der Künstler mit dem Körper und der Seele zugleich spielen solle wie auf einem Instrument.

»Denn sie wissen nicht, was sie tun« – oder: Der Einstieg

Da Dennis Hopper für mystische Strömungen durchaus empfänglich ist, erzählt er oft und gern, wie sehr Nicholas Rays Film von Anfang an von einer Art Fluch belastet gewesen sei. Und tatsächlich: viele der Beteiligten traf ein tragisches Schicksal. James Dean starb, sein Freund Nick Adams ebenfalls – er hatte eine Überdosis Schlaftabletten genommen. Und ein weiterer Star des Films, Sal Mineo, einer der hoffnungsvollsten Jungstars Hollywoods, wurde in einer Tiefgarage erstochen. Natalie Wood ertrank später unter nie geklärten Umständen.

Der Film selbst kam unter großen Schwierigkeiten zustande, war zwar an der Kinokasse ein Erfolg, brachte jedoch den Machern, allen voran Nick Ray, kein Glück.

Nach einem obskuren Buch eines gewissen Dr. Robert Lindner, einer Fallstudie über einen jugendlichen Psychopathen, bei Kriegsende gedreht, beschäftigte sich das Lichtspiel in der Interpretation des Regisseurs Nicholas Ray mit Heimatlosigkeit, Gewalt und der Identitätssuche in Liebesbeziehungen. Ray war der

Folgende Doppelseite:
Hopper – ganz rechts – als Goon in einer kleinen Nebenrolle – aber an der Seite seines Idols und Freundes James Dean.

Regisseur junger Menschen, die Schwierigkeiten mit den gesellschaftlichen Konventionen haben. Generationskonflikte waren für ihn Themen, in denen stellvertretend zwischen jung und alt Klassenkonflikte ausgetragen werden. Als er erfuhr, daß »Warner Brothers« die Rechte an »Rebel Without a Cause« 1946 gekauft hatte, aber mit dem brisanten Stoff nichts anzufangen wußte, griff er sofort zu.

Nach den ersten größeren Schwierigkeiten mit dem »Untersuchungsausschuß für unamerikanische Umtriebe«, der behauptete, die im Film thematisierte Jugendkriminalität gebe es nur in der Sowjetunion, aber nicht in den USA, und der die Dreharbeiten stoppen ließ, kam es sogar zu einer Budgeterhöhung. Erste Publikumsreaktionen bei halböffentlichen »Previews« ließen einen Kassenknüller erwarten. Es wurde in Farbe weitergedreht. Das neue »Warner Color« brachte die rote Windjacke des neuen Teenie-Stars James Dean großartig zur Geltung.

Cinemascope, Farbe und das Tempo der 111 Filmminuten machten den Film zu einem Glücksfall des jungen, zornigen Hollywoodkinos. Der Film, in dem die Jugend in Gestalt von Jimmy Dean zum erstenmal in der Filmgeschichte im Kino zurückschlug, wurde zum Katechismus der Revolution gegen Elternhaus, Polizei und Gesellschaft.

Und die Besetzung des Streifens, in dem Dennis Hopper das junge Cliquenmitglied Goon spielt, war bis in die Nebenrollen hinein exzellent.

»Giganten« – oder: Ein Schauspieler wird geboren

Die Lehrer-Schüler-Beziehung zwischen Hopper und Dean war für Dennis Hopper noch fruchtbarer in ihrer zweiten Zusammenarbeit, während der Dreharbeiten zu »Giganten«.

Dennis Hoppers Rolle, der hier den dritten Sohn des Benedict-Clans spielt, war diesmal weitaus größer und differenzierter als in »Denn sie wissen nicht, was sie tun«. Dean, der den Jett Rink spielte, und Hopper wurden unzertrennlich. Sie unterhielten sich jeden Tag über die psychische Ausstattung ihrer Rollen und über die Art und Weise, wie sie zu gestalten waren.

Regisseur George Stevens, ein Traditionalist, hielt Dennis Hopper und nicht James Dean für »das heißeste Talent seit Jahren«. Diese Einschätzung beruhte nicht auf Gegenseitigkeit. Auf die Regie des Altmeisters bezogen, äußerte Hopper: »Was bei den meisten Filmregisseuren nicht stimmt, ist die Tatsache, daß jeder nur einen Aspekt des Filmes beherrscht, Kamera, Schnitt oder Darstellung, aber nie alles zusammen.«

Und auf James Dean gemünzt, meinte Hopper: »Er begann, die Regie abzulehnen, weil alles, was er bekam, schlechte Regie war.«

Folgende Doppelseite:
Der Schauplatz des Films »Giganten« in Texas. Der Film, mit dem Dennis Hopper zum Schauspieler wurde.

Dennis Hopper erinnert sich in der James-Dean-Biographie von John Howlett an den ersten Drehtag, an dem er zusammen mit seinem neuen Freund auftrat: »Jimmy hatte seine erste Szene mit Liz Taylor zu spielen, und es war das erste und einzige Mal, daß ich ihn auf dem Set nervös sah. Sie drehten die Szene, in der er auf dem Wasserturm die Flinte abfeuert und sie dann zum Tee einlädt. Er war so nervös, daß er kaum seinen Text rausbrachte. Na, da gab es ungefähr 4 000 Zuschauer, die etwa hundert Meter entfernt standen, Einheimische und Besucher; und plötzlich drehte Jimmy sich um und ging auf sie zu. Er ging ungefähr fünfzig Meter weit, machte seinen Hosenlatz auf, nahm seinen Schwanz heraus, pinkelte, schüttelte die Tropfen ab, zog den Reißverschluß zu und ging zurück. Ich hatte ihn schon verrückte Dinger abziehen sehen, aber damit schoß er den Vogel ab. Als ich ihn fragte: ›Mann, warum hast du das gemacht?‹, sagte er, er dachte sich, wenn er vor den Augen von 4 000 Leuten seinen Schwanz herausholen und pinkeln könne, dann könne er mit Elizabeth Taylor vor der Kamera alles bringen.«
Der Film »Giganten« kam im Oktober 1956, mehr als ein Jahr nach Deans Unfalltod, in die Kinos. Er wurde einer der größten Kassenerfolge. Er bot für die älteren Zuschauer ein spektakuläres Melodram mit vielen Schauwerten und glamouröser Inszenierung und für die jungen Zuschauer das neue rebellische Spiel von Stars wie James Dean und Dennis Hopper.
Benedict Junior erscheint erst in der zweiten Hälfte des

ausladenden Epos auf der Leinwand. Zuerst als Baby, dann als Junge von etwa fünf Jahren. Er will nicht auf einem Pferd reiten, sein Vater zwingt ihn, Benedict III. heult. Der psychosoziale Konflikt ist vorprogrammiert, aus dem Junior wird kein Viehzüchter und Farmer werden. Dies wird ausgespielt, als Benedict erwachsen ist. Er fühlt sich den Frauen der Farm näher als den männlichen, texanischen Patriarchen. Er ist sensibel und will Medizin studieren – erst in Harvard und dann auf der Columbia Universität. Im Alter von etwa 18 Jahren wird Benedict Junior von Dennis Hopper verkörpert.

Dennis Hopper tritt uns in »Giganten« wie eine Gestalt aus einem Comic-Strip, etwa der Tim in »Tim und Struppi« von Hergé, entgegen: gelbe Cordhose, heller Pullover, helles Hemd, rotblondes Haar, weiche Mokassins an den Füßen. Sein junges, breitflächiges Gesicht ist ohne besonderen Ausdruck, seine Bewegungen sind ausladend, seine Schritte scheinen beflügelt wie die eines optimistischen »good American boy«.

Jordan Benedict III. ist ein guter Junge, der seinen Eltern keinen Kummer machen will. Aber er hat feste Vorstellungen von seinem Leben. Und die passen nicht zu denen seines Vaters.

Dann sehen wir Hopper im blauen Anzug des Studierenden, der kurz vor seinem praktischen Jahr steht: mit ersten Erfahrungen von der Welt außerhalb der Farm »Reata«. Er ist zu Weihnachten nach Hause gekom-

men und hält sein Whiskyglas in der Hand. Seine Bewegungen sind gelassen, fast weltmännisch. Keine Spur mehr von der Unsicherheit eines Jungen, der nur über Äußerlichkeiten wahrnehmbar ist.
Wieder eine Sequenz weiter, und wir begegnen Hopper vor dem Traualtar mit der Mexikanerin Juana. Seine Frisur hat sich verändert, er trägt das Haar jetzt glatt zurückgekämmt, dadurch wirkt seine Stirn höher. Dennis Hopper wirkt jetzt wie ein reifer Mann – obwohl er zum Zeitpunkt der Dreharbeiten erst achtzehn Jahre alt war.
Erstaunlich diese Wandlung, die noch weitergehen wird. Eine Wandlung durch Alter, die alle Figuren dieses Filmepos durchleben und verkörpern. Und jeder der beteiligten Schauspieler löst das auf seine Weise. Hopper löst es vor allem dadurch, daß seine Körpersprache immer dezenter und zurückhaltender wird. Er agiert am Ende fast nur noch mit den Augen oder mit einem Zucken seines Mundes. Seine Gesten sind verhalten.
Und während der Reichtum der Hauptbeteiligten wächst und wächst, ein Bohrturm nach dem anderen die texanischen Viehweiden ziert, die Benedicts ihren Einfluß ausdehnen, Jett Rink, der große Konkurrent (gespielt von James Dean), seinen neuen Flughafen einweiht und ein Kind nach dem anderen vom Benedict-Clan geboren wird, macht Dennis Hopper alias Jordan Benedict III. seine unauffällige Arbeit als gestandener Arzt, der er jetzt ist.

Dennis Hoppers Auftritte in »Giganten« sind dünn gesät. Er kann kaum mehr tun, als sein noch glattes Gesicht der Kamera zu präsentieren. Und er ist zwar häufiger, aber nie länger als dreißig Sekunden im Bild. Eine Ahnung von dem Dennis Hopper, der in seiner folgenden Karriere durch Temperament und durch ein Spiel wie unter Strom und Drogen auffallen wird, bekommt man in der Szene, als Jordan Benedict III. den hochmütigen Jett Rink zur Rede stellt, weil der seine mexikanische Frau beleidigte. Da ahnt der Zuschauer etwas von dem Vulkan, der in Hopper arbeitet. Aber leider sieht das Drehbuch vor, daß zwei schnelle Faustschläge des alkoholisierten Rink diesen schönen Ausbruch vorzeitig beenden.
Dennis Hopper bleibt in »Giganten« in Erinnerung als die fest umrissene Gestalt eines jungen Mannes, der seinen eigenen, schwierigen Weg geht und der in die Handlung einen schönen Ton von Zuverlässigkeit, Eigensinn und Würde bringt.

Die Schauspielschule

Nach dem Tod seines Freundes Dean wollte Hopper so werden wie er: radikal, anarchistisch, selbstbezogen. Am New Yorker »Actors Studio« des Schauspielers und Lehrers Lee Strasberg, in das er wenige Wochen nach

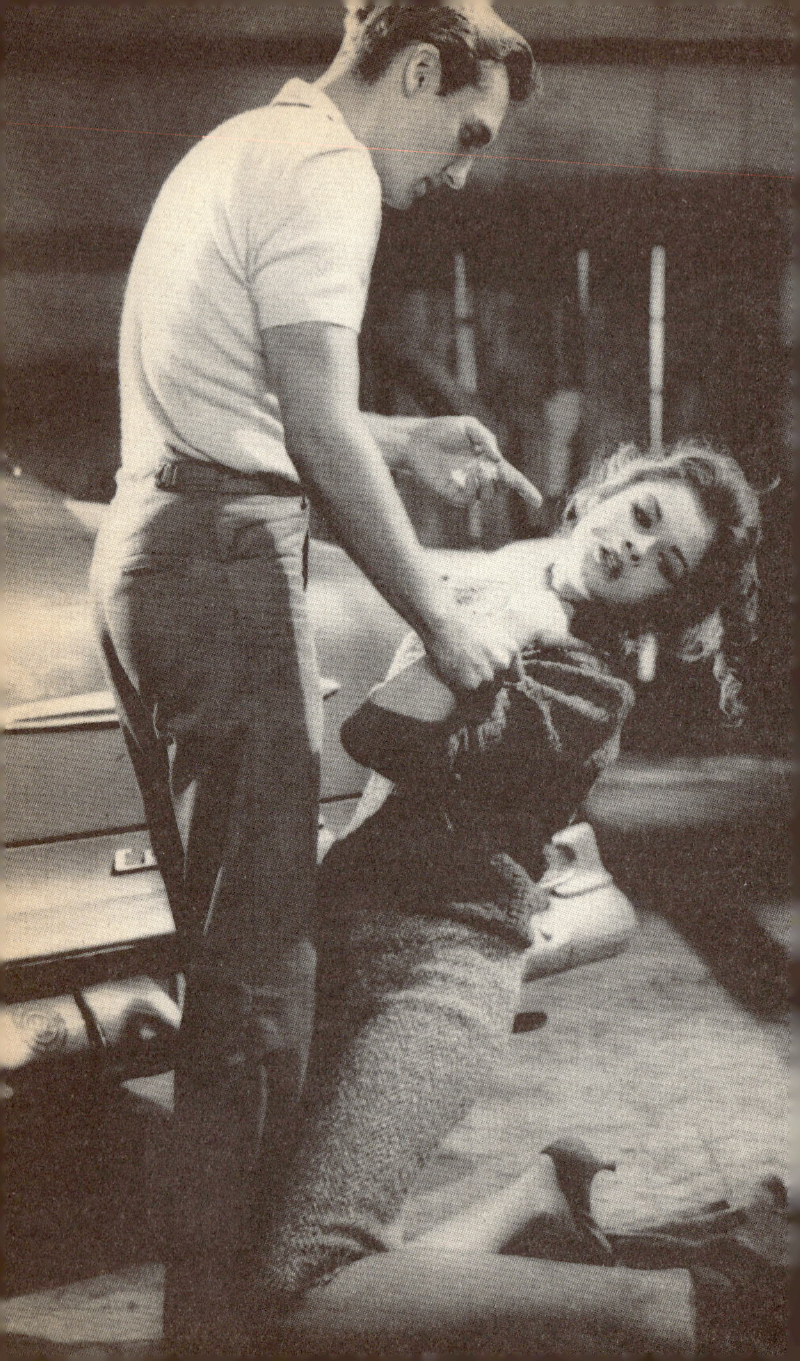

In frühen Filmen wie »Die Wölfe von Los Angeles« kam Dennis Hopper mit seinem extremen Spiel noch an. Er konnte mit seinen am »Actors Studio« erlernten Tricks eine Rollenfigur präzise umreißen. Aber Hollywood hatte den exzentrischen Rebellen schon im Visier!

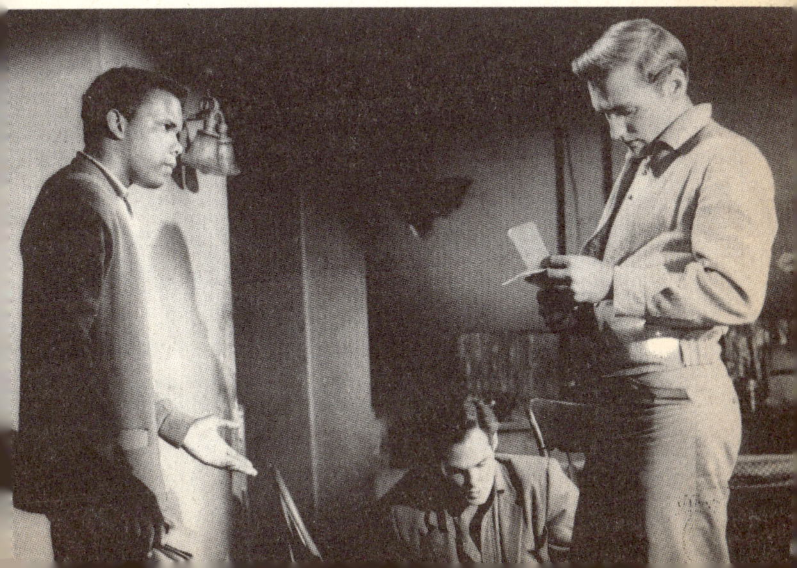

Deans Tod eintrat und an dem er fünf Jahre lang eingeschrieben war, fand er die schon genannte Methode, seine starke Persönlichkeit zu entwickeln.
Und er wollte auch so spielen wie Dean, denn er wußte: »Wenn man ein junger Schauspieler in Hollywood ist, glaubt jeder Furz, einem sagen zu müssen, wie James Cagney die Szene 1930 gespielt hat und wie Humphrey Bogart sie 1940 gespielt hat – damit räumte Dean gründlich auf.«
Die großen Schauspiellehrer Lee und Molly Strasberg hatten zusammen mit dem Regisseur Elia Kazan jene Methode entwickelt, die auf der Schauspiellehre des russischen Theaterrevolutionärs Konstantin Stanislawski basierte.
»The Method« oder »Method Acting« war bei den Hollywood-Patriarchen nicht populär. Bei Dean, Brando, Clift mußte man das »Psycho-Getue« noch dulden, denn die Stars hatten mit ihrem Spiel, besonders bei der rebellischen Jugend, großen Erfolg. Als nun der »Möchtegern-Dean« Dennis Hopper daherkam, mit dem gleichen Genuschel, der exzessiven Körpersprache, dem rebellischen Gehabe, statuierte man ein Exempel.
In Rollen wie in »Gunfight at the O. K. Corral« oder »The Story of Mankind« kam Hopper noch ungeschoren davon. Doch 1957 wurde ihm seine Darsteller-Manie à la Strasberg zum Verhängnis.
Es war während der Dreharbeiten zu »Schieß zurück, Cowboy/From Hell to Texas« unter der Regie von

Henry Hathaway. Der beinharte Regisseur war der geeignete Mann, dem ungestümen Jung-Genie Hopper den Boden unter den Füßen wegzuziehen. Er hielt von der Methode des »Actors Studio«, dem »Sense Memory«, »Affective Memory« dem »Inner-or-Outer-Character« (wie er diesen »Bullshit« nannte), nichts.
Es ging um eine kleine Szene, die Hopper so spielen wollte, wie er sie sah. »Er insistierte darauf«, erzählte Hopper, »zu spielen, wie er wollte, ich insistierte darauf, es in meiner Weise zu machen.« Hathaway, das Schlachtroß der alten Garde, mit dem Selbstverständnis eines lange erprobten Patriarchen, sagte nein.
Er ließ Hopper die Szene vor laufender Kamera in 86 Takes wiederholen. Hathaway wollte Hopper zwingen, so zu spielen, wie er, der Routinier und damit das erfolgreiche Hollywood, es verlangte.
»Henry Hathaway zeigte mir jede Geste, als wäre ich ein Vollidiot, ein kleiner Trottel, der mitspielte«, berichtete Hopper. »Ich sagte: ›Gerade davon will ich loskommen, laß es mich machen, wie ich es sehe. Und sag mir nicht meinen Text vor. Ich bin ein ›Method Actor‹, ich arbeite mit meinen Ohren, meinen Augen, meinem Geschmack und meinem Kopf.«
Nach 15 Stunden Kampf hatte Hathaway gewonnen. Hopper brach weinend zusammen und spielte danach die Szene genau nach den Anweisungen von Hathaway. Der Regisseur sagte: »Kid, eines kann ich dir versprechen: du wirst in dieser Stadt nie mehr Arbeit finden.« Und Hopper wurde gleich darauf gefeuert.

Schwarze Listen

Das hoffnungsvolle Talent war im Alter von 21 Jahren schon am Ende seiner Karriere angelangt, denn der mächtige Hathaway sorgte dafür, daß in den folgenden acht Jahren kein einziges großes Hollywood-Studio dem Mimen auch nur einen Knochen hinwarf.
Dennis Hopper, der seine Kinokarriere am Ende sah, packte seine Sachen und ging nach New York, wo der Einfluß der Traumfabrik-Reaktionäre geringer ist.
Hier, in der Milchstraßenstadt der Einsamkeit, in der auch James Dean schon fünf Jahre vorher durch die Straßen am Times Square gestreunt war, lernte Hopper seine erste Frau Brooke Hayward kennen. Sie war die Tochter eines angesehenen Produzenten und der Filmdiva Margaret Sullavan. Die beiden heirateten 1961 und ließen sich in Bel Air bei Los Angeles nieder.
Hopper, der nach seinem Machtkampf mit Hathaway auf den geheimen »Schwarzen Listen« der Medienindustrien als »unkontrollierbar« eingestuft war, konnte jedoch nicht unbeschwert ins Privatleben abtauchen. Eine Pechsträhne klebte an ihm. Nachdem ein Feuer das gemeinsame Haus des Ehepaars vernichtete und damit auch Tausende Manuskriptblätter mit Texten und hundert Gemälden Hoppers, begann er zu verzweifeln. Er trank zu viel und experimentierte mit LSD. Dies war der Einstieg in den Kreis des Wahnsinns und der Hölle. Er stürzte noch zwei weitere Male ab – mit immer größeren Schüben an destruktiver Energie.

Während des acht Jahre dauernden »Berufsverbots« studierte Hopper jedoch auch weiter am »Actors Studio«, trat auf New Yorker Off-Broadway-Bühnen und im Fernsehen auf und war zu sehen in einem kleinen Low-Budget-Film mit dem Titel »Night Tide« (gedreht 1960 von Curtis Harrington, herausgebracht 1963), in dem er einen Seemann spielt, der sich in ein Mädchen verknallt, das eine Seejungfrau ist. Obskur, aber Dennis Hopper hatte einen Job.
Hopper arbeitete außerdem intensiv mit Fotografien, Skulpturen, Malereien und Gedichten. Lange bevor das »Time«-Magazin und der Rest der Nation die Pop Art entdeckte, begann er mit seiner Frau Brooke Hayward die Kollektionen von Lichtenstein, Warhol und Oldenburg zu sammeln.
Dennis und Brooke waren in dieser Zeit zwar beruflich und privat angespannt, aber in der New Yorker Szene-Öffentlichkeit ein gerngesehenes Paar. Hoppers Reputation als ein in Hollywood geschaßter Kunst-Freak, der den Alten die Meinung gegeigt hatte, imponierte.

Hopper, Hathaway und Wayne

Im Jahre 1965 erinnerte sich Henry Hathaway wieder an Dennis Hopper. Er hatte ihm die widerborstige Attitüde von damals großmütig verziehen. Dies viel-

leicht auch deshalb, weil Hoppers Frau Brooke Hayward eine Irin war: Hathaway selbst war Ire (vielleicht arbeiteten deshalb im Jahr 1968 Hopper und Hathaway bei »True Grit« dann noch einmal zusammen). Eines Tages sprach Henry Hathaway mit John Wayne über Hopper, und beide beschlossen, den Mann aus der Apathie herauszuhieven. Zwar hatte Dennis Hopper inzwischen wieder kleine Nebenrollen spielen können, aber das war zum Überleben zu wenig.
Hathaway und Wayne trafen sich mit Hopper. Sie fanden, erinnerte sich Dennis Hopper, »sie könnten mich nicht länger arbeitslos herumlaufen lassen, wo ich doch ein Baby zu ernähren hatte, sonst würde ich nie ein richtiger Vater«. Also gaben sie dem mißratenen Sohn, vielleicht auch, um ihr eigenes schlechtes Gewissen zu befriedigen, eine Rolle in ihrem gemeinsamen Film »Die vier Söhne der Katie Elder«.
Henry Hathaway warnte Hopper gleich am Anfang: »Mach keinen Ärger, Kid, das ist ein ›Big Duke-Picture‹ (Duke war der Spitzname von John Wayne. B. S.), und Duke versteht diesen Methode-Scheiß sowieso nicht.«
Dennis Hopper spielt in dem Edelwestern den Sohn eines patriarchalischen Vaters, der durch schmutzige Tricks an die Ranch der Elders gekommen ist. Als die vier Söhne der Elders zurückkommen, um ihre inzwischen toten Eltern zu rächen, gerät Hopper als Dave Hastings in die Mitte der Auseinandersetzung. Einerseits will er loyal zu seinem Vater stehen, andererseits verabscheut er dessen verbrecherische Machtpolitik.

Kinoplakat für den Hathaway-Film, mit dem der geächtete Hopper in Hollywood wieder Arbeit bekam.

Dennis Hopper in »Die vier Söhne der Katie Elder«:
Auf der »Hastings Firearms Manufactory«, der ehemaligen Farm der Elders, die jetzt sein Vater besitzt, steht Hopper mit Boston-Hut und Cowboykluft und beobachtet die Schießkünste seines Vaters.

Klein und schmächtig sieht er aus. Und wie er sich gedankenverloren mit dem Daumen über die Lippen streicht, erinnert er an Jean-Paul Belmondo, der in »Außer Atem« beim Anblick eines Kinoaushangs mit Humphrey Bogart die gleiche Geste machte.

Der Zuschauer spürt auch sofort, daß dieser blasse, schmale Junge mit den intensiven Augen für den Ausgang der Story eine entscheidende Rolle spielen wird. Denn als es über sein Gesicht zuckt, als der Vater das Gewehr mit dem Zielfernrohr anlegt und abdrückt, da begreift man, daß sich hier ein Vater-Sohn-Konflikt anbahnt. Und auch, daß Dave, der Sohn, ein sensibler Wahrheitssucher ist, empfindlich genug, um Lügen starrsinnig auch gegen die eigenen Leute zu bekämpfen.

Hopper spielt die wenigen Szenen, ihn denen er auftritt, mit allen Emotionen, wie er es am »Actors Studio« gelernt hat. Sein Gesicht spiegelt die wechselnden Gefühle, er fuchtelt mit den Armen, deutet mit dem Zeigefinger, verzieht das Gesicht. Und vor allem steht er wie ein Raubtier vor dem Sprung da. Etwas Animalisches geht von diesem Dave aus. Auch wenn es kaum aus ihm herausbricht.

Hopper steht nie still. Auch wenn er bei Dialogen der

Zuhörende ist, bewegt er sich und spricht mit Gesten. So schafft er es, präsenter zu sein, als es das Drehbuch vorsieht. Hopper spielt mit dem ganzen Körper, der Text ist bei seiner Darstellung nur ein Mittel von vielen, die Rollenfigur zum Leben zu erwecken.
Diesen virilen, jungen Darsteller, der von seiner Rolle derart Besitz ergreift, daß die anderen Schauspieler neben ihm wie fade Routiniers wirken, mußte Regisseur Hathaway bereits 1957 bändigen, und er bändigte ihn in dieser Rolle wieder. Hopper spielt die Sequenz von damals erneut. Und erst als er am Ende, verprügelt vom allmächtigen John Wayne und danach erschossen vom eigenen Vater, tot in einer Scheune liegt, ist die Gefahr, die von ihm ausgeht – vor allem auch die darstellerische »Gefahr« für die anderen – gebannt.

John Wayne, der gerade von seiner ersten Lungenoperation genesen war und während der Dreharbeiten in den Pausen in einem Sauerstoffzelt liegen mußte, hatte immer ein besonderes, nie ganz geklärtes Verhältnis zu Hopper gehabt. Vielleicht das des übermächtigen Vaters zu seinem aufmüpfigen Adoptivsohn, den er liebt und haßt, gerade weil er rebellisch ist und der Alte sich in ihm klammheimlich wiedererkennt.

Folgende Doppelseite:
Dennis Hopper als Dave Hastings in »Die vier Söhne der Katie Elder« – ganz am Bildrand, aber in einer eindringlichen Rolle. Und: er war mit diesem Film wieder im Geschäft.

Hopper stand den Gang nach Film-Canossa stolz durch. Er war gereift. Hathaway ließ ihn, wie gesagt, dieselbe Szene, über die sie damals aneinandergeraten waren, noch einmal spielen – und diesmal fügte sich Hopper den Anweisungen des Regisseurs. »Sie sehen, Mr. Hathaway«, sagte Hopper, »ich bin heute viel besser als damals.« Und Hathaway entgegnete: »Du bist kein besserer Schauspieler geworden, Boy. Nur klüger!«

Lektionen

Hopper war die Zurechtweisung egal. Denn er wußte inzwischen, daß er es dem alten Hollywood heimzahlen konnte: nicht als Schauspieler, sondern als Regisseur, dessen Einfälle von anderen umgesetzt werden müssen.
Dennis Hopper arbeitete in dieser Zeit an einem Projekt, das »The Last Movie« hieß. Von diesem Werk versprach sich der Künstler eine Rehabilitierung in Hollywood.
Doch der Hauptfinanzier zog sich, schon den Drehbeginn im Blick, plötzlich zurück. Hopper witterte eine Intrige der Mogulen. Er flippte aus, fühlte sich von aller Welt verlassen und mißverstanden und raste in seinem Haus herum wie später seine Kinofigur Frank Booth in

»Blue Velvet«. Seine Frau floh daraufhin mit dem Kind aus seiner Nähe. »Ich bin nicht sicher«, protokollierte Hopper später, »ob ich ihr wirklich das Nasenbein gebrochen habe.« Seiner Frau war es egal, ob er sich richtig erinnerte. Sie reichte die Scheidung ein.
Die Frau war weg und der Film auch. Dennis Hopper stand wieder einmal vor dem Nichts. Diesmal hatte er sich die Misere jedoch in feinster Drehbuch-Manier selbst zuzuschreiben. Was ihm vorübergehend blieb, das war die Fotografie.

Das fotografische Werk

Mit achtzehn Jahren hatte Dennis Hopper zu fotografieren begonnen. Zwischen 1961 und 1967, also im Alter zwischen 25 und 31 Jahren, hatte der Künstler sein Hauptwerk, ein beeindruckendes fotografisches Œuvre vorgelegt. Fotografien aus einer Zeit, als sich Hopper mit kleinen Engagements beim Fernsehen durchgeschlagen hatte.
Er hat wie besessen fotografiert: seine Künstlerfreunde Ed Kienholz, Bruce Conner, Peter Blake, Andy Warhol, Gregory Markopoulos, Jack Smith, David Hockney. Landschaften, Graffiti, Bikers in Aktion, Häuser, Szenen aus New York, Los Angeles, Mexiko, Bürgerrechts-

märsche in Louisiana, Menschen, Kunstobjekte, Stillleben, Filmszenen. Die Fotografie war Hoppers Versuch, seiner andernorts brachliegenden Kreativität Ausdruck zu verleihen.

»Ich habe fotografiert«, sagt Hopper selbst, »weil ich mich damals so unnütz fühlte, so unsicher über meine Wirkung auf andere und so schüchtern. Ich habe mich hinter der Kamera versteckt, um mich den Menschen zu nähern, die ich kennenlernen wollte«.

Die Motive von Hoppers Fotos sind gut arrangiert, genau gesehen, humorvoll, individuell und immer engagiert. Szenen aus dem Alltag, die die Stimmung der 60er Jahre einfangen und die – wenn man sie heute in einer der großen Ausstellungen gesehen hat, die in den USA, aber auch in Europa, ja sogar in der Bundesrepublik veranstaltet wurden – von einer aus neuem Blickwinkel gesehenen vertrauten Welt zu erzählen scheinen.

Die schwarzweißen Fotos, die Hopper unter anderem im Auftrag für große Magazine wie »Harpers Bazaar« oder »Vogue« machte, dokumentieren insgesamt ein Amerika, das sich verändert, das sich bemüht, neue Lebensformen und Kunstformen auszuprobieren. Hopper hat einen guten Blick dafür, und sein fotografisches Gesamtwerk erscheint wie von einem frischen Wind der Rebellion gegen verkrustete Verhältnisse durchzogen.

Vielleicht war die Zeit Mitte der 60er Jahre ohnehin Dennis Hoppers glücklichste, weil kreativste Zeit –

gerade weil er auf seinem Gebiet, der Schauspielerei, zur Untätigkeit verdammt war. Er zog mit Hippies und Rockern herum, begleitete Martin Luther King und Joan Baez bei Friedensmärschen der Bürgerrechtsbewegung, verbrachte mit populären Rockgruppen wie den »Byrds«, »Greatful Dead« oder »Jefferson Airplane« viel Zeit bei Konzerttourneen.

Beinahe alle Fotos von Dennis Hopper strahlen eine positive Stimmung aus. Und eine Botschaft: das Leben ist schön.

Dennis Hopper: »Meine ersten Fotos waren abstrakt. Ich sprach von abstrakter Realität, denn ich zeigte ja Teile einer Realität, an der ich nichts verändert hatte. Als ich dann Künstler fotografierte, stellte ich sie in eine Umgebung, die mit ihrer Kunst zu tun hatte, oder vor ein Bild. Diese Arrangements machten mir Spaß. Ich war auch der erste, der Fotografien zusammen mit Gemälden ausstellte und in einer Galerie über symbolischen Objekten an die Wand hängte.«

Er hat also auch anregend, weiterbildend gewirkt, der Dennis Hopper, den die Filmgewaltigen Hollywoods kaltstellten, weil er für ihren Geschmack zuviel kreatives Berserkertum besaß.

Neue Anfänge eines kreativen Berserkers

Im Jahr 1967 drehte der legendäre B-Film-Regisseur und einflußreiche Produzent billiger Filme Roger Corman für seine eigene Firma »American International Pictures« einen obskuren Film, der damals jedoch als revolutionär galt: »The Trip«. Es handelt sich um die Story eines TV-Machers, der seinen ersten LSD-Trip einwirft und plötzlich mit all den psychedelischen Effekten konfrontiert wird, die später als Licht-und-Farborgien in Tanzpartys der Diskotheken wiederver-

Hopper in Roger Cormans obskurem, damals als revolutionär geltenden Film »The Trip«.

wendet wurden. Jack Nicholson schrieb dazu das Drehbuch, Peter Fonda spielte die Hauptrolle und Dennis Hopper eine nicht unbedeutende Nebenrolle.
Der Film war nicht umwerfend, aber er war der Beginn einer wunderbaren Freundschaft. Und eines bedeutenden Filmprojekts. Denn eines Tages rief Fonda Hopper an und sagte: »Warum machen wir nicht einen Film zusammen über zwei Jungs, die mit Motorrädern durch den Kontinent düsen und Amerika suchen?«
Dennis Hopper sah »Easy Rider« später so: »Zwei Männer reiten in eine Stadt, und man will sie loswerden, weil man sie für Revolverhelden hält. Ums Lagerfeuer sitzen, übers Land fahren – ein Western eben.«
Bei den »Raybert-Productions« von Bert Schneider und Bob Rafelson trieb Peter Fonda Geld auf. Den Rest der insgesamt 360 000 Dollar, die der Film kostete, steuerte Fonda aus den Einnahmen des Corman-Films »Die wilden Engel« bei.

»Easy Rider« – oder: Aufstieg einer Kultfigur

»Easy Rider« wurde ein Kultfilm für die Drogen- und Rockmusik-Generation am Ende der 60er Jahre.
Nicht nur die Helden dieses Road-Movies waren Drogenköpfe, die dem Establishment davonfuhren, die

sich nicht rechtfertigen und verteidigen wollten, sondern einfach auslebten, was sie anmachte. Die Woodstock-Generation insgesamt, die später, im August 1969, im Sullivan County des Staates New York ihren legendären Massenauflauf feierte, lebte mit Musik, Motorrad und Marihuana schon die psychedelische Alternative zur alten Gesellschaft vor. »Easy Rider« war der erste Film, der mit dieser ausgeflippten Generation wirklich gemeinsame Sache machte.
Dennis Hoppers »Easy Rider« war auch der erste Film, der die Rockmusik als Sprache ernst nahm. Heute

Hopper und Fonda im Kultfilm »Easy Rider«, der die Veränderungen durch die Jugendbewegung ernst nahm.

Billy und Wyatt, unterwegs mit Motorrad, Musik und Marihuana.

gehören Straßenfilme mit rockigem Soundtrack zum Kino-Alltag. 1968 noch nicht. »Easy Rider« donnerte allen nachfolgenden Rockfilm-Sausen voran.
Die zehn Rocknummern des Films waren deshalb sensationell, weil sie voll ausgespielt wurden. Bis dahin galt Rockmusik höchstens als Stimmungsmacher oder musikalisches Zitat. Jetzt konnte man sie wirklich hören.
Es waren Peter Fondas Lieblingsnummern. Vorneweg Steppenwolfs Hits »Born to be Wild«, mit dem die

Reise auf den Hochlenkermotorrädern beginnt, und »The Pusher«. Dann folgen The Byrds mit »I Wasn't Born to Follow«, The Band mit »The Weigh«, The Holy Modal Rounders mit »If You Want to be a Bird«, Fraternity of Man mit »Don't Bogart Me«, The Jimi Hendrix Experience mit »If Six Was Nine«, Little Eva mit »Let's Turkey Trot«, The Electric Prunes mit »Kyrie Eleison« und The Electric Flag mit »Flash, Bam, Pow«.
Roger McGuinns Titelsong »Ballad of Easy Rider« verstärkte schließlich noch einmal das Grundmotiv der Leinwand-Reise: »Der Fluß fließt, er fließt in die See, und wohin immer der Fluß fließt, dort möchte ich sein.«
Reisen, Veränderung, Unterwegssein, Rausch der Geschwindigkeit. Raus auf die Straße mit Shit und Musik. Mit dieser Botschaft wurde »Easy Rider« zum Filmhit der zivilisationsmüden, langhaarigen Jugend von 1968. Der schärfste aller Road-Movies.
Die Fahrt der Bikers mit einem dicken Bündel Dollars im Tank und Musik im Kopf, unterwegs nach Südosten, führt vorbei an Hippie-Kommunen, an ausgefransten Städten und glänzenden Brückenbauwerken, durch das Monument Valley und in die verstockten Provinzen von Gottes eigenem Land. Schließlich werden die Bikers auf einer Landstraße in Louisiana von einem Landarbeiter ohne Grund einfach abgeknallt. Der amerikanische Traum von der Freiheit im Land der unbegrenzten Möglichkeiten war damit ausgeträumt.
Daß Amerika, die »Große Gesellschaft«, sich am Ende

doch nur als ein kleiner Haufen Gewaltamerikaner entpuppen würde, war nicht vorauszusehen. Die Helden Billy (the Kid)-Hopper und Wyatt (Earp)-Fonda wußten zwar, daß sie die alte Pionierstraße nach Westen nun in entgegengesetzter Richtung, nämlich von Los Angeles nach New Orleans, fuhren. Daß jedoch der Western-Mythos der freien Grenze schon total verknöchert ist, zeigte erst die Erfahrung. Die Suche nach dem gelobten Land, dem sagenumwobenen Atlantis auf dem eigenen Kontinent, mündete in der Katastrophe. Die Freiheit war längst, wie Dennis

Gottes gelobtes Land, Amerika, wirft in »Easy Rider« lange Schatten.

Hopper sagte: »... eine Hure geworden, mit der alle ihr leichtes Spiel, ihren ›Easy Ride‹, trieben«.
Daß das freakige Filmteam um Hopper, Fonda und Nicholson bei den Dreharbeiten wirklich provoziert und bedroht wurde, war eine vielsagende Tatsache am Rande. Peter Fonda, als »Freifahrer der Highways« bereits legendär, hatte Nordamerika außerhalb der Leinwand schon nach allen Richtungen abgefahren. »Die Straße ist noch schön«, sagte er, »aber sie wird schmutziger und gefährlicher.«
Der unmittelbare Charakter von »Easy Rider«, dem Dennis Hopper seine ästhetischen Vorstellungen und seine Lebenserfahrung aufdrückte, läßt den Film wie eine Droge wirken. Die Filmbilder fliegen wie Vögel neben der Rock- und Country-Musik her, die die Harley-Davidsons begleitet. Der Film selbst ist wie Musik. Hopper nahm die Worte des amerikanischen Lyrikers und Musikphilosophen Chester Anderson ernst, der gesagt hatte: »Rockprinzipien sind nicht auf Musik beschränkt. Rock ist ein Stammes-Phänomen ... Ein Komponist, der das wüßte, könnte den Körper eines Zuhörers wie eine geschmeidige Gitarre spielen ... und es gibt keine Abwehrmechanismen.« Was an »Easy Rider« heute noch besticht, ist seine »archäologische« Qualität. Er bewahrt, zugleich mit Amerikas Stimmung während des Vietnam-Krieges, die Überreste der Hippie-Kultur auf, die heute wie eine Legende wirkt. Er zeigt das Lebensgefühl und die Lebensweise der »Blumenkinder« und fängt ihre Utopien ein.

Wenn Dennis Hopper und Peter Fonda ihren Joint durchziehen, ihre damals noch langen Haare wehen lassen und gegen die feindliche Übermacht antreten, dann ist die jugendliche Rockkultur vorn. Die kiffende kleine Minderheit siegt scheinbar gegen Gewalt-amerika – auch wenn am Ende Schüsse den Traum von Glück, Liebe und Frieden zerstören.
»Easy Rider« spielt an der Kasse Millionen ein. Und damit war Dennis Hopper ganz plötzlich wieder gefragt. Finanzieller Erfolg wischt in Hollywood alle Bedenken bei den Einflußreichen am schnellsten fort.

Abenteuer und Desaster in Peru

Hopper konnte nun darangehen, sein Lieblingsprojekt »The Last Movie« in die Tat umzusetzen.
Die Idee zu diesem Film war ihm in Mexiko gekommen, als er den Western »Die vier Söhne der Katie Elder« drehte. Während nach Drehschluß die Kulissen abgebaut wurden, kam Hopper der Einfall, was wohl geschehen würde, wenn die Mexikaner plötzlich Ernst machen und ihren eigenen, »realen« Film in diesen Kulissen Wirklichkeit werden lassen würden.
Bei der konsequenten Weiterentwicklung dieser spontanen Phantasie ergab sich folgende Story: Ein Filmteam (Samuel Fuller spielt den Regisseur) dreht in

Südamerika einen Gewalt-Western über Billy the Kid (Dean Stockwell spielt ihn so, als würde James Dean den Billy spielen, der seinen eigenen Tod gleich mitspielt – »to die in the movie, like Dean did«, wie Hopper alias Kansas zur Maria des Films, gespielt von Stella Garcia, sagt).
Da die Muster den Studiobossen nicht gefallen, wird die Crew zurückgerufen. Zurück bleiben allein der Stuntman Kansas, gespielt von Dennis Hopper, und seine peruanische Freundin. Ungläubig beobachten sie, wie die Einwohner von der Szenerie, von der Kamera, den Mikrofon-Galgen, den Reflektoren und Scheinwerfern Besitz ergreifen und mit einem eigenartigen Ritus zu handeln beginnen, der dem Film nachempfunden ist. Sie beginnen damit, die Imitation des Lebens, die sie bei der Filmcrew beobachteten, selbst zu imitieren. Sie schaffen einen neuen Film, der lebendig wird und plötzlich in die Realität wechselt.
In ihren Kämpfen benutzen die Anden-Indianer echte Waffen und scharfe Munition, und von dem Schauspieler-Stuntman verlangen sie schließlich, sich, wie in einer Szene vorgesehen, aufhängen zu lassen – und zwar wirklich und real.
Fiktion, Realität, Ritual und Phantasie vermischen sich in »The Last Movie« auf faszinierende Weise. Der erste Entwurf des Films, der dann nicht realisiert werden konnte, weil der Hauptfinanzier Phil Spector sich im letzten Moment zurückzog, muß, wie Beteiligte berichten, noch aufregender gewesen sein. Aber auch die

abgeschwächte, kommerziell geglättete zweite Fassung, die 1971 entstand, war noch bemerkenswert.
Mit einer Million Dollar Etat in der Tasche machten sich Dennis Hopper und seine bizarre Freundesclique – darunter Peter Fonda, Kris Kristofferson, Russ Tamblyn, Tomas Milian, Sam Fuller, Stella Garcia, Rod Cameron, Henry Jaglom – nach Cuzco in Peru auf, um dort seine Filmphantasie vom Fremdsein, vom Kino, vom Künstlertum und vom Kampf der Gegensätze Fiktion und Realität zu verwirklichen.
»Es war befremdlich«, sagte Michelle Phillips, die Freundin Hoppers, die im Film Peter Fondas Freundin und die Tochter eines Bankers spielt. »Die Indianer waren fasziniert von allem und beharrten schließlich darauf, daß Dennis eine Art heiliger Billy The Kid sei, daß sie ihren Film mit ihm fortsetzen und ihn töten wollten.«
Der Film, den Hopper 1965 zusammen mit dem Autor Stewart Stern (»Denn sie wissen nicht, was sie tun«) entwarf, war zwar inspiriert von Hathaway und Wayne, die mit Hopper den Western »Die vier Söhne der Katie Elder« gedreht hatten, entfernte sich in Peru, vor Ort, jedoch immer weiter von der Ausgangsidee. Darin spiegelte sich Hoppers Vorstellung, daß das Machen von Filmen Menschen und Material verändert. »Filme«, sagt er, »beginnen mit der Vorlage und driften dann ab in das Innere der Köpfe derer, die sie herstellen. Und später in die Köpfe derjenigen, die sie sehen. Das ist fast der gleiche Vorgang«.

Gegenüber der Filmzeitschrift »Sight and Sound« äußerte sich der Regisseur: »Dieser Film hat damit zu tun, wie Menschen auf Gewalt reagieren und was sie darüber denken. Ich habe nie einen prahlerischen Maulhelden und Tyrannen getroffen, der nicht geglaubt hätte, er sei ein guter Mensch. Von diesen beiden Seiten der Wahrheit handelt auch mein Film – Schein und Sein gewissermaßen. Und die primitiven, peruanischen Indianer reagierten genauso wie normale Kinozuschauer, indem sie das eine für das andere nahmen.«

»The Last Movie« entstand gewissermaßen auf dem Höhepunkt der rebellischen 60er Jahre. In einer Zeit also, die geprägt war von Drogen, psychischen Experimenten, Kriegserfahrungen und sozialer Desintegration. Der Film stellt insofern ein Echo der Träume und Sehnsüchte einer ganzen Generation von Idealisten – wie Hopper sagte: »Heroen« – dar, die sich aus der Gefangenschaft von Politik und Macht befreiten und nach einer mystischen Welterfahrung suchen wollten. Zumindest in Amerika war das so.

Die amerikanische Öffentlichkeit war sehr daran interessiert zu erfahren, wie es bei den Dreharbeiten zu »The Last Movie« zuging. Denn Hopper war eine Kultfigur geworden. Die Illustrierten »Life«, »Look«, »Esquire« und »Playboy« bezeichneten ihn als den am meisten erwarteten Film des Jahres 1971.

Der dann folgende Bericht in der Illustrierten »Life« gibt die Haltung der traditionellen Medien gegenüber

dem neuen, mißtrauisch beobachteten Cineasten der Rockkultur in typischer Weise wieder:
»Peru hat schmerzvoll gelernt«, beginnt die Story, »mit Erdbeben, Lawinen, Sturmfluten, Jaguaren und giftigen Schlangen zu leben. Doch Dennis Hopper ist was anderes.« Die Reportage stellte Hopper als eine Art von Ketzer dar, der »Revolution predigt, Konflikte mit Karateschlägen löst, in Gruppen ins Bett geht und alles an Trips ausprobiert hat, was man nur schlucken oder spritzen kann«.
Die »Life«-Reportage war insofern typisch für eine bestimmte Art der Medien, mit problematischen Künstlern umzugehen, weil sie den Stoff der Filmarbeit absolut vergaß und die Produktion völlig in den Mittelpunkt stellte. Sensationen und Skandale, Tabuverletzungen der bürgerlichen Moral schienen wichtiger als der Inhalt eines Filmkunstwerks, in dem ein Filmemacher versuchte, seine Philosophie auszudrücken.

»The Last Movie« – und kein Ende

Hopper zog sich von Cuzco nach Taos auf die Hochebene von New Mexico zurück. Dort »heiratete« er zunächst seine Filmpartnerin, die Rocksängerin Michelle Phillips von der legendären Gruppe »The Mamas and the Papas«. Es wurde standesgemäß eine

»The Last Movie« – Experiment, Wahnsinnsfilm, Geniestreich, aber kommerziell gesehen ein totaler Flop. Im Jahr seiner Entstehung war der Film – und mit ihm Dennis Hopper – *zu gut* für die Filmindustrie der westlichen Welt.

zünftige Blumenkinder-Fete mit viel Musik und Marihuana – und ohne Trauschein für das Ehepaar. Eine Woche darauf fuhr die neue »Mrs. Hopper« zu Plattenaufnahmen nach Nashville und rief ihren im Verständnis der Hippies legalen Gatten Tage später an, um ihm mitzuteilen, daß sie sich wieder von ihm scheiden lassen, also ihn sitzenlassen würde. Hopper versank daraufhin erneut in einer Welle von Selbstmitleid, Wut und vor allem Drogen.

Doch die Probleme, die sein Privatleben brachten, verhinderten nicht mehr, daß er weiterarbeitete. Dennis Hopper schaffte es, aus über 40 Stunden Filmmaterial einen Film zu schneiden, der vorführbar war.
1971 gewann »The Last Movie« bei den Filmfestspielen in Venedig den Kritikerpreis als bester Film. Aber in den USA kam er nie in den Verleih, wurde 14 Tage lang in drei Kinos gezeigt und verschwand auf Nimmerwiedersehen in den Archiven.
Dennis Hopper verstand die Welt nicht mehr. Er wollte wie ein Triumphator nach Hollywood zurückkehren, doch man empfing ihn dort wie einen Unbekannten. Hollywood trieb wie immer Nabelschau, europäische Festivals oder gar Filmkunst interessierten die kühlen und bornierten Rechner der US-Filmindustrie – noch – nicht. Venedig? Was war das? Eine Stadt in einer Lagune? Wo? Ach, so, in Europa! Uninteressant.
Mit einem schwierigen, an Jean-Luc Godards Filmästhetik, die in Europa allmächtig war, orientierten Filmwerk wie »The Last Movie« konnte Hollywood nichts anfangen. Das war Kunst, und avantgardistische noch dazu, also eine Art von »Kulturbolschewismus«. Hollywood beschloß, dem aufrührerischen Dennis Hopper zum zweiten Mal das Handwerk zu legen. Und genau das taten die Bosse. Sie ließen seinen Film verschwinden.
»Die Bosse«, sagte Hopper später gegenüber »Film Literature Quarterly«, »bestritten nicht, daß es sich um einen künstlerischen Film handelte. Aber sie ließen mir

mitteilen, der einzige gute Künstler sei ein toter Künstler. Sie verlangten von mir, schwerwiegende Änderungen in der Handlung vorzunehmen, um den Film kommerziell zu machen. Das akzeptierte ich nicht«.
Viele der großen Presseorgane machten die Politik der Filmindustrie freiwillig mit, sie verstanden »The Last Movie« angeblich ebenfalls nicht. »Time« fand ihn »formlos und kunstlos«, die »Saturday Review« konstatierte, der Film lasse »eine lineare Erzähllinie vermissen«, David Denby schrieb in »The Atlantic Monthly« von einem »endlosen, chaotischen, erstickenden, drogengesättigten Film«, Andrew Sarris nannte den Film »stümperhaft und verwirrt«, eine »haßerfüllte Erfahrung«. Und so weiter.
Nur einige wenige Kritiker setzten sich ernsthaft mit dem Film auseinander. Stuart M. Kaminsky nannte ihn »einen Versuch, Filmkonventionen zu durchbrechen« – »Hopper machte nichts anderes, als Film-Avantgardisten wie Kuchar oder Jack Smith längst gemacht hatten, er machte es nur in einem kommerziellen 35-mm-Film und nicht im Undergroundfilm.«
In einem aufsehenerregenden Artikel in der »New York Times« vom 24. Oktober 1971 setzte sich anläßlich dieser Kontroverse der bekannte Filmpublizist Foster Hirsch für Hopper ein.
Der mit der Überschrift versehene Artikel »Sie irren, wenn Sie Dennis Hopper abschreiben« beginnt mit dem Satz: »Wie jeder weiß, haben Dennis Hopper und Peter Fonda mit ›Easy Rider‹ die Art und Weise revolu-

tioniert, wie in Amerika Filme gemacht werden.« Hirsch versucht dann zu beweisen, welch respektable Filme nun Fonda mit »The Hired Hand« und Hopper mit »The Last Movie« realisiert hätten.
Hirsch nennt beide Filme »rein und integer« und verteidigt dann insbesondere Hoppers Werk als einen Film, der den Erfolg von »Easy Rider« nicht als reinen Glücksfall erscheinen läßt.
Hirsch analysiert dann die Schwierigkeiten des Films. »Das kuriose Problem ist«, sagt er, »daß der Film kongenial und eigenartig einen bestimmten Teil des Publikums anspricht; sein komplexes Netz von religiösen und literarischen Symbolen, seine nicht-lineare Struktur, seine kontroverse Darstellung des Themas, wie und ob das Leben die Kunst imitiert oder ob es umgekehrt sei, machen diesen Film anscheinend ungeeignet für die Masse und die Massenmedien ... Er behandelt die Art und Weise, wie Hollywood Glamour und Abenteuer mit der Filmwelt gleichsetzt, kritisiert beide Aspekte – und feiert sie gleichzeitig. Das ist seine ureigene Form.«
Hirschs Artikel in der »New York Times«, der ausgiebig versucht, Dennis Hopper gegen die Kritik der Öffentlichkeit in Schutz zu nehmen, behandelte auch das satirische Moment in »The Last Movie«, nämlich die Darstellung des stereotypen amerikanischen Charakters, der sich in leidenschaftlichem Materialismus erschöpft und sich wie ein Westerner in einem Passionsspiel gebärdet. Hirsch konstatiert Hoppers Suche

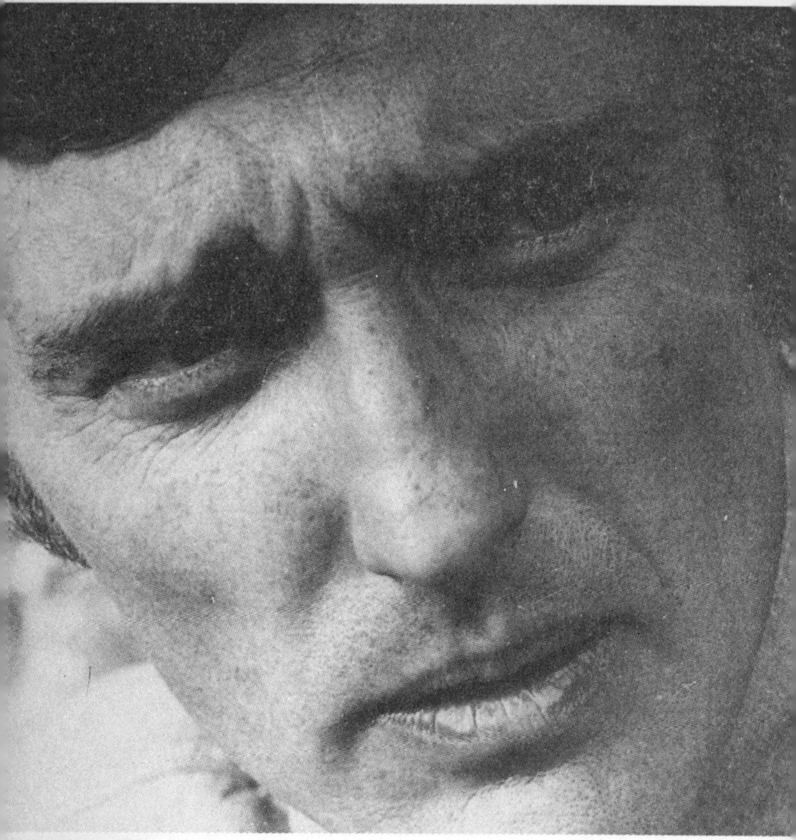

Hopper in »The Last Movie«

Dennis Hopper in »Hoosiers«

Mit Regisseur David Lynch am Drehort von »Blue Velvet«

Als verrückter Fotograf im Dschungelkrieg (»Apocalypse Now«)

Hopper der Regisseur

Als Tom Ripley in »Der amerikanische Freund«

Lagebesprechung auf dem Set von »Colors«

Dennis Hopper auf dem Set von »Colors«

Eine Szene aus »Colors«

nach einem alternativen Amerika, das allein den amerikanischen Traum, jenseits von Dollars, Unmoral, politischer Korruption und Dekadenz, noch repräsentieren könnte. Er beweist damit die Kontinuität der Regiearbeit Hoppers nach »Easy Rider«.
Was noch entscheidender ist: Hirsch bemerkt den Autor-Status des Regisseurs Hopper, der im Gegensatz zu Hollywoods Fließband-Industrie seinen Filmen persönlichen Stil gibt.
Die europäische Autoren-Theorie, in Frankreich geboren, mußte die Nordamerikaner befremden. Ein Film wie »The Last Movie«, der jemanden zeigt, der einen Film macht, der wie die Imitation eines Hollywood-Films angelegt ist, also als Film im Film etwa funktioniert wie Fellinis »8 1/2«, und der auch noch die Atmosphäre eines gewöhnlichen nordamerikanischen Western-Heimatfilms verbreitet – so ein Film ist schwer zu verstehen für ein Publikum, das sich zur seichten Berieselung im Kino trifft.

Chaos in Taos

Dennis Hopper zog nach Mexiko. In der Stadt Taos ließ er sich in dem Haus nieder, in dem der Schriftsteller D. H. Lawrence in den 20er Jahren gelebt hatte. Hier begann er erneut mit Drogen zu experimentieren, trank sich fast kaputt und führte das wilde Leben eines

NOVELTY CO

abenteuerlichen Djangos und Außerseiter-Genies, den alle Welt mißverstand und mied.
Er heiratete – diesmal mit Trauschein – zum dritten Mal. Daria Halprin war seine Auserwählte, eine Schauspielerin, die in Michelangelo Antonionis »Zabriskie Point« die Hauptrolle gespielt hatte. Doch das Leben im Hopper-Haus in Taos war das reine Chaos. Hopper glitt langsam in den Wahnsinn ab. Und Daria Halprin verließ ihn fluchtartig.
Nach und nach sickerte durch, was Hopper umtrieb. Die Grenzen zwischen Kinofiktion und Realität spielten für den entnervten Künstler kaum noch eine Rolle. Er legte sich mit der Jugend des Ortes an, hortete Waffen, engagierte Kriegserfahrene und Stuntmen und stürmte auch schon mal, eine Maschinenpistole in der Hand, in kommunale Versammlungen des Ortes. Er wurde zu einer öffentlichen Gefahr und bekam Ärger mit den Sicherheitsorganen.

Hopper in »Kid Blue«. Einer der wenigen Filme, die er nach dem Desaster von »The last Movie« durchstand.

Die »inspirierte Zeit«

Trotz aller drogenbedingten Halluzinationen war Dennis Hopper auch in dieser Zeit noch immer in der Lage, in Filmen anderer Regisseure aufzutreten. Aber er mußte annehmen, was ihm angeboten wurde. Sein künstlerischer Anspruch schien in den 70er Jahren oft gleich Null zu sein. Es ging für ihn ausschließlich ums Überleben.

Allein europäische Filmkünstler oder am europäischen Film orientierte Amerikaner ermöglichten es, daß Dennis Hopper hin und wieder auch eine anspruchsvolle Rolle bekam. In Europa galt der Querkopf als amerikanische Legende, als unbesiegter, wenn auch halb zerstörter Rebell.

Wim Wenders engagierte Hopper 1976 für seinen Film »Der amerikanische Freund«. Die Rolle des Tom Ripley (Hopper wird in den Credits an erster Stelle genannt) ist vielleicht eine der schönsten und biographisch aufschlußreichsten Rollen, die der Schauspieler jemals gespielt hat.

Und so sah Hoppers Darstellung in »Der amerikanische Freund« aus:

Noch während der Vorspann läuft, hält ein Taxi in New York vor der Tür eines Bilderfälschers, gespielt von

Europäische Filmkünstler oder am europäischen Film orientierte Amerikaner ermöglichten Dennis Hopper zwischen 1971 und 1985 anspruchsvolle Rollen. Einer davon war Roland Klicks »White Star«.

Nicholas Ray. Dennis Hopper steigt aus dem Auto. Man sieht, daß er friert. Er hält sich den hochgeschlagenen Mantelkragen zu, obwohl die Morgensonne scheint. Sein Stetson verleiht ihm einen verwegenen Ausdruck, aber in seinem Gesicht kann man Bitterkeit und Resignation erkennen.
Hopper wirkt schmal in seinem schwarzen Wintermantel, die Gesichtszüge wie gemeißelt. Es ist nicht seine beste Zeit. Nicht die des Schauspielers Dennis Hopper und nicht die der Filmfigur Tom Ripley (Der Film entstand nach Patricia Highsmiths Roman »Ripley's Game«).
Hopper spielt verhalten, gebremst. Ein wissendes, ironisches Lächeln in seinem Gesicht, das besonders gut zur Geltung kommt, wenn die Kamera ihn im Profil einfängt, das ist alles an Mimik, was er in diese erste Sequenz einbringt. Und wenn er die Straße hinuntergeht, wirkt er wie ein Mann im Exil, obwohl er in den USA zu Hause ist.
In der nächsten Sequenz sehen wir ihn in Hamburg. Er liegt auf dem mit roter Seide ausgeschlagenen Bett in einer weißen klassizistischen Bürgervilla an der Alster. Anscheinend wacht er gerade auf.
Es könnte Hoppers eigenes Haus in Los Angeles sein, bevor es abbrannte. Überall Bilder, Fotos, Objekte. Ripley richtet sich mühsam auf, wie nach einem Jahrhundert-Tiefschlaf – fast wie ein lange eingefrorener Astronaut, der nun, nach jahrelangem Flug, da er mit seinem Raumkreuzer den Zielplaneten in einer fernen

Hopper als Ripley in seiner vielleicht schönsten Rolle (»Der amerikanische Freund«). Über den Regisseur Wim Wenders sagte er: »Ich denke, Wim ist einer der besten Regisseure, mit denen ich je zusammengearbeitet habe, vor allem bezogen auf seine Arbeitsweise. Er hat eine Zärtlichkeit im Umgang mit den Leuten, man fühlt sich beschützt und sicher.«

Galaxis erreicht hat, vom Bord-Computer geweckt wurde.

Und richtig: der Astronaut auf der Erde seufzt tief, greift als erstes zu seinem Kassettenrecorder und spricht seine Tagesmeldung ins Bordbuch der weit entfernten Heimaterde: »6. Dezember 1976. Vor nichts muß man sich fürchten, außer vor der Furcht. Ich weiß weniger und weniger. Wer ich bin und wer überhaupt jemand ist.«

Es sieht so aus, als spüre dieser Cowboy den Boden unter den Füßen nicht mehr.

Wenn er seinen Stetson ablegt, wirkt er geradezu schutzlos. Zwar ist dieser Tom Ripley ein gerissener Geschäftsmann, aber einer ohne wirkliche Ambitionen. Also kein wirklicher Businessman, eher ein Abenteurer. Tom Ripley schleicht mit Pistole und Taschenlampe abends um seine Villa und spürt Einbrecher auf. Hopper wirkt dabei eigentümlich ungefährlich, wie ein Kranker mit schmaler Brust, der die Schultern einzieht. Selbst der Hut sieht jetzt nur noch wie ein unnötiges Requisit aus.

Seine Bürgervilla hat er innen ausdrapiert mit den Insignien des Amerikanischen. Ein Pool-Billard-Tisch in der Mitte des Wohnzimmers, eine Canada-Dry-Werbung darüber, in der Ecke die obligatorische Musicbox von Wurlitzer. Und auf dem Frühstückstisch der doppelte Hamburger und Mixed Pickles. Reste von Heimat im fremden Land. Aber wie die Ereignisse zeigen werden, nützt ihm dieses Festhalten an Erinnerungen nichts.

Als Hopper dann im Laden seines Kontrahenten und späteren Freundes Zimmermann, gespielt von Bruno Ganz, steht, der todkrank ist und dem Ripley einen Mord im fremden Auftrag »vermittelt«, damit Zimmermann seiner Familie Geld hinterlassen kann, sieht der Zuschauer, daß Regisseur Wim Wenders Hopper anhielt, seine biographische Situation in seine Rolle einzubringen. Vielleicht ist dies jedoch für einen im »Actors Studio« geschulten Schauspieler ohnehin selbstverständlich.

Hopper stellt den Gezeichneten dar. Hochaufgerichtet, aber bedrückt, halb kriminell, aber ein Verlierer, mit viel Einfluß, aber müde. Er hatte hochfliegende Pläne und ist gescheitert. Seine Energien sind in die Irre gegangen, seine Ideen verpufft. Er faltet die Hände vor dem Bauch und sieht sich ruhig um. Seine wilden Jahre sind vorbei. Jemand hat ihm den Schneid abgekauft.

Der Schauspieler Dennis Hopper schlägt ein langsames Tempo an. Er wägt sorgfältig ab, welche Geste paßt. Er spielt völlig gelassen, und das ist eben nicht gerade sein übliches Verhalten. Aber so kommen seine typischen Mittel des Ausdrucks, die Hopper-Manieren, gut zur Geltung. Und so schafft er es auch, die Figur aufzubauen und sie immer sympathischer erscheinen zu lassen. Hopper stellt eine Figur dar, die Vertrauen erweckt.

Tom Ripley düst zwischen New York und Hamburg hin und her. Er holt gefälschte Bilder »alter Meister« und verkauft sie bei Auktionen in der Bundesrepublik.

Aber dann entdeckt er plötzlich seine Freundschaft zu Jonathan Zimmermann, diesem zuverlässigen deutschen Handwerker. Und es huscht ein Grinsen über sein angespanntes Gesicht, das eine gefühlvolle Anerkennung dieses Mannes darstellt, der ruhig und gediegen in Hamburg Bilder rahmt.

Hopper mit Bruno Ganz in Aktion beim zweiten Mord im Zug.

Gegen diesen soliden, in sich gekehrten deutschen Mann wirkt Hopper doppelt amerikanisch. Unstet, aber doch cool, relaxed, wenn auch wie unter Hochspannung, mit dem Gestus eines gestiefelten und gespornten Westerners.

Wie Hopper in seinem Haus am Hafen auf dem Bett zwischen roten Seidenkissen sitzt, seine Bänder abhört und Whisky aus der Flasche trinkt; wie seine halblangen Haare ihm ins Gesicht fallen, bevor er wieder den Stetson aufsetzt; wie sich in seinen Zügen Angst, Schmerz, Trauer mischt: so »privat« wie Dennis Hopper sich in dieser Sequenz vor der Kamera zu bewegen scheint, wirkt er geradezu mitleiderregend einsam. Die Lichter des Hafens von Hamburg vor seiner Haustür wirken, eingefangen von Robby Müllers Kamera, wie Lichtreflexe aus der Milchstraße. Tom Ripley steht auf seinem Balkon, ganz dicht unter diesem Universum, und schüttelt quälende Gedanken ab. Hopper spielt diese Sequenz – nach dem ersten Mord von Zimmermann an einem Unbekannten in Paris – wie ein Mann, der kaum zum Handeln kommt, weil seine Erinnerungen ihn nicht loslassen.

Ripley alias Hopper, der Cowboy in Hamburg, verteidigt sein Haus, Bruno Ganz ist mit von der Partie.

Seine Freundschaft zu Jonathan Zimmermann aktiviert ihn. Ripley hilft dem Deutschen, im Zug seinen zweiten Mord auf Bestellung und ohne Motiv zu begehen. Und jetzt läßt Hopper gewissermaßen »die Maske fallen«. Denn hinter dem sensiblen Verlierer kommt plötzlich der Berserker zum Vorschein, den man aus anderen Hopper-Filmen kennt:
Der Mann mit dem tiefsitzenden Haß und den Wutausbrüchen, der Mann, der einfach zuviel erlebt hat und zu oft ganz unten war, um auf Konventionen Rücksicht zu nehmen. Ein Mann, der seinem Opfer

Ripley: »Ich weiß weniger und weniger, wer ich bin und wer überhaupt jemand ist.«

eiskalt oder auch aus zynischer Lust am Spiel mit den Nerven die Drahtschlinge um den Hals legt. Der zähnefletschende Mann mit dem Killerinstinkt als Überlebensprogramm, dessen Fratze unvermutet hinter dem Lächeln hervorgrinst.
Kurz nach dem Mord steht er schon wieder zu Hause am Billardtisch. Aber daß er sich jetzt selbst mit einer Polaroid-Kamera fotografiert, läßt vermuten, daß seine Identitätskrise weiter vorangeschritten ist. Er legt sich auf den Billardtisch und fotografiert sich immer wieder. Diese Sequenz ist auf Hoppers Idee zurückzuführen. Er selbst hat diese Szene vorgeschlagen, und Wenders hat die Idee gern aufgegriffen. Dennis Hopper, der Mensch, Fotograf und Filmkünstler, in einer schweren persönlichen Krise, nach dem Desaster mit »The Last Movie« und den Vorfällen in Taos, fotografiert wie ein Besessener in der fiktiven Welt sich selbst ...
Der Film ist ein Thriller mit blutiger Action. Und Tom Ripley gewinnt nichts. Nicht einmal einen Freund, denn dazu ist es nach allem, was geschah, viel zu spät.

Krieg und »Apocalypse Now«

Wie Wim Wenders ließ auch Francis Ford Coppola Dennis Hopper nicht im Stich. Er engagierte ihn 1976, im gleichen Jahr der Entstehung von »Der amerikanische Freund«, für »Apocalypse Now« als im Dschungel

von Kambodscha und Vietnam langsam verrückt werdenden Fotoreporter – eine bizarre Rolle, die Hopper mit dem Mut zur Selbstdarstellung absolvierte.
»Apocalypse Now« – der Film konnte erst 1979 fertiggestellt werden – zeigt den Krieg als eine Art psychedelischen Höhepunkt der nordamerikanischen TV-Show-und-Dollarkultur. Der Kriegsfilm als Rockoper mit Drogen und Granatfeuer. Und als eine Reise in eine bestimmte Vorstellung von Vietnam, aus der bekannten Welt der Politik heraus in eine unbekannte: in das Herz des Krieges, das Grauen.
Die anfänglich realistische Kriegsbeschreibung des Films löst sich immer mehr auf in eine überfallartige Bilderflut, phantomhafte Schemen aus einem Dschungelkriegs-Irrenhaus übernehmen das Kommando. So wird der schiere Wahn des Unternehmens Vietnamkrieg nachvollziehbar.
Regisseur Francis Coppola versuchte, der »Faszination« des Kriegs auf die Schliche zu kommen, die Menschen seiner Meinung nach immer wieder dazu treibt, ihn zu führen. Deshalb ist »Apocalypse Now« ein blutiges, farben- und drogengesättigtes Dokument der Einsicht, daß Kriegslust in jedem seiner Teilnehmer schlummert. Und keiner kommt davon, auch die Sieger nicht. Die Wunden, die der Krieg schlägt, sind nicht zu heilen.
Aber so radikal, wie Coppola bei den psychischen und physischen Verstümmelungen der Kriegführenden zuschaute, hatte das noch keiner in einem Anti-Kriegsfilm

gewagt. Coppola räumte mit jener Kriegsvorstellung auf, die auf das menschenverachtende Desaster das Rote-Kreuz-Samaritertum mit Mullverband und Beinprothese folgen läßt. Er drückte aus: Wenn schon Krieg, dann unbarmherzig. Oder: Nie wieder Krieg!
Dennis Hopper gefiel diese radikale Haltung. Er teilte auch Coppolas Ansicht, daß der moderne Krieg als eine Art TV-Live-Act mit tödlichem Ausgang geführt wird und ein Kriegsfilm deshalb nichts anderes sein konnte als eine Art Rock-Grusical mit LSD und Napalm-Show als Darstellung der absoluten nordamerikanischen Dekadenz. Denn daß Nordamerika moralisch am Ende sei, diese Ansicht vertrat er bereits seit zwanzig Jahren. Daß Hopper in dieser Phase seiner Existenz selbst den Drogen fast erlegen war, machte ihm den Zugang zu diesem komplexen Filmwerk und zu seiner Rolle als Fotoreporter im Dschungel leichter.

Und so spielte er seine Rolle in »Apocalypse Now«:
Mitten in der Hölle des vietnamesischen Dschungels, in dem der Krieg tobt, steht Dennis Hopper als Fotoreporter, der schon seit 1964 den Krieg fotografiert. Wie eine Sumpfblüte wirkt er. Als hätte es einen Hippie aus Santa Monica nach Asien verschlagen: Rotes Stirnband, dunkle Sonnenbrille, halblange, verschwitzte Haare, Siebentagebart. Vor der Brust etliche Kameras, mit denen er unaufhörlich hantiert, die Kleidung zusammengestückelt wie von einem Flohmarkt: Kampfanzug eines Irren der Kriegsberichterstattung.

Er steckt sich eine Zigarette nach der anderen an, tänzelt von einem Bein auf das andere. Er lacht plötzlich unmotiviert und wirft die Arme zum Himmel. Er verhält sich wie ein Drogenkopf, der unter der schwülen Hitze dieser erbarmungslosen Dschungelsauna durchgeknallt ist.

Die Krieger in diesem Dschungel sind cool und schweigen. Aber dieser Reporter redet unaufhörlich. Er redet mit den Händen und Armen und mit Worten, aber viel Sinn ergibt es nicht. Er scheint verhext vom Boß dieses Ortes, dem Colonel Kurtz, um den sich alles dreht. Und er scheint den Sinn allen Handelns vergessen zu haben. Vielleicht ist er deshalb so hektisch und immer betriebsam unterwegs: auf der Suche nach ablichtbaren Wahrheiten, wenn es keine geistigen mehr gibt.

Dennis Hopper klettert wie eine Bergziege die Felsen im Dschungel empor, geschmeidig turnt er durch die Reste der Festung, die Colonel Kurtz im Dschungel bauen ließ. Er wirkt engagiert, immer vor Ort, motorisch ruhelos, erschreckt und fasziniert von dem, was hier geschieht.

Hopper redet. Seine Monologe kommen aus der Seele eines Mannes, dessen Verstand sich im Krieg verwirrt hat. An der Droge Krieg ist er innerlich kaputtgegangen. Äußerlich macht er dennoch den Eindruck eines sehr Lebendigen, inmitten des Verfalls, der Gewalt, des Todes.

Hoppers Spielmethode, die auch hier wieder ideal ist

für einen Kurzauftritt, stattet die Figur des Fotografen mit einer nervösen Energie aus, die schon zu flirren scheint, bevor er selbst zu sehen ist.

»Rumble Fish« oder: Die Selbstdarstellung

1981 engagierte Coppola Hopper noch einmal für eine Rolle in »Rumble Fish«, in dem der Schauspieler quasi seinen Umgang mit der Droge Alkohol zur Kunstform erheben konnte. Es ist beinahe bestürzend zu sehen, wie sehr die dargestellte Figur dem Schauspieler Dennis Hopper ähnelt, der in dieser Zeit durch die Hölle ging.
Dennis Hopper in »Rumble Fish«:
Zur Musik von Carmine Coppola torkelt Dennis Hopper, in einem gestreiften Sakko und geblümtem Hemd, einem Hütchen auf wirren Haaren und mit einer Flasche in der Hand, die Zigarre zwischen den Zähnen, durch eine Sequenz etwa am Ende des ersten Drittels dieses Films. Er ist der problematische Vater von zwei problematischen Söhnen, und Schnaps ist sein ständiger Begleiter.
Dieser Mann wirkt wie ein Sozialfall und Philosoph zugleich, schrullig und undurchschaubar. Wie in ständiger Trance oder unter dauerndem Gedankenstrom streunt er durch die Sequenzen; nur wenn sein älterer Sohn ihm die Flasche klaut, um deren Inhalt im Spülbecken auszugießen, dann kommt Fahrt in ihn.

Hopper umreißt die Figur dieses Vaters, der manchmal jünger als seine Söhne wirkt, sehr genau. Er verleiht ihr ein unverwechselbares Profil. Kaum einmal nimmt er die Zigarre aus dem Mund, kaum einmal sind seine fahrigen Hände ruhig. Er nuschelt, und das liegt nicht nur daran, daß er ständig halbbetrunken ist: es entspricht dem avantgardistischen Sprechstil des Schauspielers Hopper, der von solchen Vorbildern wie James Dean und Marlon Brando eine Menge gelernt hat.
Vielleicht ist diese Figur des Vaters ein wenig zu sehr Freak, ein bißchen zu schrill, zu extrem gefaßt. Vielleicht hat Dennis Hopper übertrieben und die Figur zu stark betont, so daß sie wie eine der Mittelpunktgestalten wirkt. Obwohl Hopper nur eine Nebenrolle spielt und bei insgesamt viermaligem Erscheinen im Bild nur zwei größere Auftritte hat, ist er den ganzen Film über präsent, seine Gegenwart prägt das Klima der Handlung überproportional mit. Er liefert eine expressive Rollengestalt ab in einem expressionistisch wirkenden Panoptikum extremer Figuren.
Wie fast alle Figuren dieses Films einen Zug ins Typologische haben, so wirkt auch Hopper genau wie einer, dessen Rollenname in der Besetzungsliste »Father« heißt. Er ist der Vater, der aus der Bahn geworfen wurde und nun als Oberhaupt einer Kleinfamilie mit zwei Söhnen absolut überfordert ist. Ein Individualist in schwerer Zeit, der moderne Vater in zerrissenen Verhältnissen als Versager.
Seinen schönsten Auftritt hat Hopper in der »Main St.

Lounge«-Kneipensequenz. Das ist eine Paradenummer an »method acting«, für die er überhaupt keine Stichworte und keinen Dialog braucht. Hopper zelebriert diesen Auftritt als Sketch über einen in seinen Erinnerungen an schönere Zeiten versinkenden Mann, der die Gegenwart bis zur Zukunft mit Schnaps zu überstehen hofft.

Der Zuschauer ahnt, daß der Schauspieler Hopper schon agiert, noch ehe die Kamera anläuft. Er macht sich gewissermaßen warm. Und wenn er ins Bild kommt, ist er schon zu großer Form aufgelaufen. Hopper kämpft mit seinem Hut, saugt an der Zigarre als sei sie himmlisches Manna, spült fast leidenschaftlich aus dem Glas nach, ist ständig in fahriger, gestischer Bewegung. Seine großen, dunklen Augen starren dabei ins Leere, als sähe er gerade jetzt dort das Wesentliche. Er macht den Eindruck eines Verlierers mit ungeheurer physischer Präsenz. Hopper investiert in seine beiden wesentlichen Auftritte eine solche Fülle von Gefühl und Interpretation, daß die Konzentration auf ein paar Minuten Spiel fast schmerzlich wirkt.

Kaum vorstellbar bleibt, daß dieser Schauspieler 90 Minuten eines Films mit dieser Intensität meistern könnte. Vielleicht könnte das auch der Zuschauer nicht durchstehen.

Und dies wiederum könnte der Grund dafür sein, warum Dennis Hopper von erfahrenen Regisseuren gern für Nebenrollen eingesetzt wird. Denn kaum ein Schauspieler ist in der Lage, seine Fähigkeiten so zu komprimieren, daß ein paar Kurzauftritte ausreichen, einen ganzen Film lang im Gedächtnis zu bleiben und ihn mitzuprägen.

»Out of the Blue« – oder: Der gefährdete Künstler

Im Jahr davor, 1980, hatte sich dem gefährdeten Künstler noch einmal eine große Chance geboten – und Hopper hatte sie genutzt.

Eine Billig-Produktion in Kanada mit dem Titel »Out of the Blue«, in der Hopper mitspielte, verlor nach zwei Wochen ihren Regisseur Leonard Yakir »wegen Unfähigkeit«, wie die Produzenten behaupteten. Hopper zögerte nicht lange und riß die Regie an sich.

»Man hatte mich nach Kanada geholt, um den Hippie-Vater zu spielen«, erinnert sich Dennis Hopper. »Zwei Wochen lang saß ich jeden Tag in voller Maske im Wohnwagen und wartete auf meinen Auftritt. Schließlich kam der Produzent und sagte, er wolle den Film kippen, weil der Regisseur nichts tauge. Ich meinte, daß man dem Mann seine Chance lassen sollte, aber der Produzent blieb dabei. Ich ließ mir die zweieinhalb Stunden Material, die schon belichtet waren, zeigen und merkte, daß es tatsächlich nichts taugte. Das war an einem Samstagvormittag. Da schlug ich dem Produ-

zenten vor, das Drehbuch bis Montag morgen umzuschreiben und die Regie zu übernehmen. Am Montagmorgen ging's los, mit neuem Drehbuch, neuen Schauspielern, und nach vier Wochen und zwei Tagen war der Film fertig.
Danach bekam ich acht Jahre lang keinen Regieauftrag mehr. Aber das lag auch daran, daß das meine ›inspirierte Zeit‹ war.«
Sein dritter Film, den er selbst inszenierte, also »Out of the Blue«, ist ein Familiendrama: Hopper mimt einen alkoholisierten Trucker, der im Gefängnis sitzt, nachdem er seinen Truck gegen einen vollbesetzten Schul-

Dennis Hopper mit Sharon Farrell und Linda Manz in »Out of the Blue«.

bus gesteuert hatte. Darunter leidet auch die minderjährige CeBe, die immer verstörter wird und schließlich in Selbstvernichtung endet.
Dennis Hopper hatte Yakirs Drehbuch völlig umgeschrieben. Er setzte neue Akzente hinsichtlich der pessimistischen Zeitstimmung, der Kritik an gesellschaftlichen Verhältnissen, der Härte und der düsteren Milieuschilderungen.
»Out of the Blue« bewies nachdrücklich Hoppers Talente. Auch wenn der Film nicht besonders erfolgreich war – zu bitter seine Aussagen –, blieb er doch in der Erinnerung das Post-Punk-Filmwerk mit den desillusionierenden Attacken gegen die offizielle Kultur und Moral.
Trotz des düsteren Weltbildes von »Out of the Blue« erwartete die Öffentlichkeit doch, daß Hoppers Karrierekurve nun nach oben gehen würde. Doch weit gefehlt. Es ging abwärts. Die »inspirierte Zeit«, von der Hopper sprach, erwies sich als vergeudete Zeit.

Drogen, Irrsinn – der Abgrund

Der entscheidende Schritt mit dem stärksten Schub nach unten folgte anläßlich einer Retrospektive seines Gesamtwerks, die Studenten der Universität von Houston, Texas, organisiert hatten. Titel der Schau: »Kunst am Abgrund«, eine bezeichnende Inventur, angesichts

des chaotischen kreativen Lebens des Autors, Fotografen, Regisseurs und Schauspielers Dennis Hopper.
Am Ende der Retro sollte Dennis Hopper noch ein paar passende Worte sagen. Er sprach auch. Doch seine Stimme kam aus dem Off. Untermalt von psychedelischen Projektionen, verkündete die Stimme, daß jeder, der ihn persönlich erleben wolle, sofort zum »Big H Speedway«, einer Rennbahn vor den Toren der Stadt, gehen solle. Dort würde er, Dennis Hopper, sich in einem letzten Happening entweder reinkarnieren oder selbst in die Luft sprengen.
Die »Party« begann. Hoppers engste Freunde hasteten herbei. Sie befürchteten, diesmal könne es der von Drogen zermarterte Künstler ernst meinen mit seiner Selbstmordsucht. Und sie erlebten Dennis Hopper auf einem Stuhl stehend, der von einem Kranz von Dynamitpatronen umgeben war. Hopper erläuterte kurz die Idee dieses »Russischen Todesstuhls«. Sie bestand darin, daß bei einer gleichzeitigen Explosion aller gebündelten Dynamitpatronen, wie im Zentrum eines Hurrikans, eine ungefährliche Zone entstehen müßte, in der der Experimentator überleben könne.
Hopper zündete das Dynamit – und überlebte. Hätten jedoch die Patronen nicht wirklich alle in der gleichen Sekunde gezündet, wäre er in seine Einzelteile zerlegt

Folgende Doppelseite: Der gefährdete Künstler.

worden. Das »Happening« gelang, und der Kamikaze-Künstler stieg vom Stuhl herab, legte seinen Sturzhelm ab und verschwand.

Hopper überlebte solche Kraftakte physisch, jedoch psychisch nicht.

Das vorläufige Ende kam 1983. In der Erinnerung sagt Hopper: »Ich trank damals an die drei Liter Rum pro Tag und verbrauchte im Abstand von wenigen Tagen über 14 Gramm Kokain.« Seine Paranoia nahm zu, die Ärzte diagnostizierten »aurikulare und visuelle Halluzination«.

Bei den Dreharbeiten zu »Dschungelfieber« in Cuernavaca in Mexiko – Hopper spielte den Boß einer Anti-Drogen-Einheit – steigerte sich der Schauspieler in eine mörderische Verfassung aus Verfolgungswahn, Halluzinationen und Alptraum-Geschichten. Von Folterängsten gejagt, floh er aus seinem Hotel durch die Stadt – splitternackt. Als die Polizei ihm etwas anziehen wollte, tobte er: »Nein, bringt mich doch gleich hier um, so wie ich bin!«

Ein Flugzeug brachte ihn nach Los Angeles zurück. Er versuchte, noch immer von Verfolgungswahn gepeinigt, aus dem Flugzeug zu springen. Seine Vorstellungen, die Mafia sei hinter ihm her, ein Killer lege auf ihn an, ließ ihn nicht mehr zur Ruhe kommen. Als Irrer in einer Zwangsjacke verschwand er hinter dicken Klinikmauern. Für lange Zeit hörte niemand mehr etwas von dem bedauernswerten Dennis Hopper.

Die Einwohner von Cuernavaca erinnern sich noch

heute an den Schauspieler, der wie ein Berserker lebte, fluchte, hurte, soff. An den Gringo und Hurensohn, der angeblich ein großer Filmstar war. In ihren Augen war er jedoch nur einer, der offensichtlich seine Seele an den Teufel verloren hatte. Vielleicht beim Spiel, vielleicht aus Größenwahn.

Später erinnerte sich dieser Verlorene selbst an die furchtbare Zeit des Wahns:
»Ich hatte angefangen, Kokain zu spritzen, statt zu schnupfen. Ich kannte ein paar Dealer gut genug, um mir die Adresse eines texanischen Mafia-Bosses zu besorgen. Also flog ich nach Houston und wollte ihn wegen des Killers zur Rede stellen, den man auf mich angesetzt hatte. Als der Boß mich abwimmelte, auf dem Parkplatz hinter seinem Bürohaus, ging ich mit einem Messer auf ihn los. Das hätte mein Tod sein müssen. Aber er hielt mich für einen armen Irren, er hatte Mitleid mit mir und befahl seinen Leibwächtern, mich still wegzuschaffen. Sie waren ganz freundlich zu mir, wie zu einem Kind, das sich verirrt hat.«

Das war der Anfang vom Ende in Houston. Was folgte, war eine Odyssee durch drei Entziehungsanstalten. »Ich ging nur noch wie ein Schlafwandler umher, wie ein Zombie«, erinnert sich Hopper. »Ich dachte an nichts mehr, und alles war mir egal.«
Bert Schneider, der Produzent von »Easy Rider«, holte Hopper aus dem Irrenhaus heraus, in dem er noch zwei

Jahre den Experimenten der Pharmakologie ausgesetzt gewesen wäre. Schneider entwickelte ein eisenhartes Programm für das Wrack, das einmal Dennis Hopper gewesen war und langsam wieder dazu wurde. Das Rezept: Arbeit, Anonyme Alkoholiker, Aufbau von Selbstbewußtsein.

Und es funktionierte. Aus jedermanns Lieblings-Psychopath Dennis Hopper wurde der akzeptierte Künstler, der sich seine Aufträge bald wieder aussuchen konnte.

»O. C. and Stiggs« – oder: Jedermanns Lieblings-Psychopath

Im Jahr 1984 vertraute der europäischste aller nordamerikanischen Regisseure, Robert Altman, Dennis Hopper eine kleine, aber bedeutsame Rolle in seinem Film »O. C. and Stiggs« an. Das war eine Geste der Sympathie für den aus dem Gleichgewicht geratenen Künstler und ein Beitrag zu seiner Rekonvaleszenz. Film als Kur.

Und so spielte der angeknackste Künstler seinen Part: Dennis Hopper in einer skurrilen Rolle. Mit rotem Stirnband, dunkelgefärbter Sonnenbrille und etlichen Kameras vor der Brust tritt er aus dem Dunkel eines geheimnisvollen Hauses, seines Verstecks.

Hoppers verschwitztes, an den Schläfen graues Haar, die konzentriert blickenden Augen, seine plötzlichen Stimmungsumschwünge, das hastige Atmen, die Motorik seiner Bewegungen – Hopper spielt genau auf den Punkt eine Rollenfigur, die 35 Hektar Haschisch anbaut, ein Vietnam-Trauma hat, eine komplette Funkausrüstung besitzt und einen Revolver, den der Typ schnell und gern aus der Tasche zieht.
Die emotionalen Regungen dieses Typs, der glaubt, sich gegen den Haß und die Gewalt in der Welt nur wehren zu können, indem er »eine Überdosis dieser Krankheit nimmt, um sich dagegen zu impfen«, sind unvorhersehbar. Hopper spielt diesen Mann hektisch. Sein nervöses Spiel läßt sofort die Abgründe erkennen, die in der Seele dieses Kriegsveteranen, der mit Shit und Schußwaffen ausgerüstet ist, vorhanden sind.
Er zeigt die Zähne, redet mit Händen und Füßen, schwadroniert, lacht unmotiviert, er schwitzt und stinkt: ein Vietnamaktivist, der sich jederzeit im Dschungel wähnt, umgeben von Feinden.
Hopper mit diesem Outfit, das an den fünf Jahre früher gespielten Fotografen aus Francis Coppolas Film »Apocalypse Now« erinnert, benötigt keine dramaturgische Vorlaufphase, die seine Figur psychologisch umreißen würde. Er ist präsent: einfach als Gezeichneter des Krieges, der im Alltag mit allen dazugehörigen Ängsten weitermacht. Ein Neurotiker, der mit Gefahr »deodoriert« scheint, der Geruch der freien Wildbahn und des schrankenlosen Egoismus umgibt ihn.

Kein Hollywood-Schauspieler jener Zeit könnte diese Figur so blitzschnell umreißen. Und doch liegt etwas Plattes im Spiel des Stars Dennis Hopper, der seinen Nimbus des Außenseiters der Traumfabrik, des schwarzen Schafs, des kalkuliert Wahnsinnigen so eindimensional ausbeuten läßt, daß man als Zuschauer nur seine eigenen Vorurteile bestätigt bekommt: der Irre vom Dienst wieder auf der Besetzungsliste als Irrer vom Dienst.

Glücklicherweise ironisiert Hopper seine Rolle in dieser schwarzen Gesellschaftskomödie von Beginn an. Er spielt gewissermaßen augenzwinkernd. So, als brauchte er nur eben mal ein paar Dollar für eine abendliche Whisky-Spritztour, sei deswegen aus der Kleiderkammer von »Apocalypse Now« herübergekommen und müsse gleich wieder weg. Beim Zuschauen kommt nicht der Eindruck auf, Hopper versuche, »künstlerisch wertvoll«, also für die Ewigkeit oder auch nur für eine gute Kritik in »Variety« zu wirken.

Die Nebenrolle in diesem Film über zwei Collegeboys, die in den Ferien mit allen Mitteln versuchen, die Gegend und den Besitzer der Versicherungsgesellschaft Schwab unsicher zu machen, um letzteren zu ruinieren, ist nicht sehr umfangreich. In der ersten Dreiviertelstunde dieses 106minütigen Lichtspiels erscheint Hopper (an 17. Stelle der Besetzungsliste genannt) nur in einer Sequenz, die genau 132 Sekunden lang ist, zwanzig Sekunden lang sehen wir ihn dabei nur von hinten. Danach vermissen wir ihn lange

in einer Handlung, in der es drunter und drüber geht. Die Handlung verläuft zu sehr von spontanen Regie-Assoziationen diktiert.
Robert Altmans kuriose Action-Komödie, 1984, noch vor »Fool for Love« gedreht, kam erst 1987 in Deutschland heraus – auf dem Videomarkt, mit dem unsinnigen Titel »Black Cats«. Im Kino hatte das schräge Lustspiel nach einer Story aus dem »National Lampoon Magazine«, das auch schon John Landis zu einigen Zelluloid-Krachern inspirierte, keine Chance.
Hopper, als Veteran mit dem Namen Sponson, taucht noch einmal in der Schluß-Sequenz und nach einer Einstellung auf, in der er seinen Kumpel fotografiert, der seinen Karabiner auf ihn richten muß. Sponson erhält einen Notruf über Funk von den beiden Titelhelden O. C. und Stiggs, die im Atombunker des gehaßten Versicherungsexperten Schwab stecken und sich mit Waffen gegen den wütenden Hausherrn verteidigen müssen.
Sponson wittert den Ausnahmezustand, auf den er sich permanent vorbereitet, und eilt zur Hilfe. Und wieder ist Hoppers völlig überdrehtes Spiel zu bewundern, mit dem er eine Figur ausfüttert, die keinerlei dramaturgisches Eigenleben hat. Man könnte behaupten, die Rolle sei ein »Cameo«-Auftritt, also Hopper spiele sich selbst, so sehr ist er hier als er selbst präsent.
Der spleenige Militarist Sponson verläßt sein Versteck in den Bergen und fliegt mit einem Hubschrauber, begleitet von Wagners »Walkürenritt« (auch hier wieder

läßt Coppolas Vietnamparabel »Apocalypse Now« grüßen), den entscheidenden Angriff auf Schwabs Atombunker.

Die folgende Sequenz wirkt wie ein Film im Film. So als hätte jemand den Restschnipsel aus einem Kriegsfilm in diesen Film eingeschnitten, in dem er eigentlich nichts zu suchen hat. Hopper und sein Kumpel stürmen, die Karabiner im Anschlag, voran – ringsherum das schläfrige kalifornische Land, in dem schrille Alltagsgestalten ihr Familienleben praktizieren. Sie kidnappen den Versicherungsmann und sprengen sein Anwesen in die Luft.

Dann geht die Party an den Swimmingpools ringsherum weiter. Und Sponson kehrt ungerührt in sein Versteck zurück, um sich weiter auf den Ausnahmezustand vorzubereiten.

Wiedergeburt eines Totgeglaubten

Das Jahr 1986 wurde zum Jahr des größten Triumphes für Dennis Hopper. Ein Jahr der Wiedergeburt. Fünf Filme mit dem Schauspieler, darunter so erfolgreiche wie »Blue Velvet«, »Hoosiers«, »Das Messer am Ufer« und »Die schwarze Witwe«, liefen in den Kinos. In seinem 50. Lebensjahr war der Wahnsinnige, der Totgeglaubte, der Abgeschriebene plötzlich wieder da. Und wie!

Dennis Hopper in »Das Messer am Ufer«:
Auf einer Brücke über dem Fluß steht der junge Tim und wirft die Puppe seiner kleinen Schwester in die reißenden, schmutzigen Fluten. Danach gellen Siegesschreie eines Mannes durch den Nebel der Niederungen, die nackte Leiche einer Frau bleibt am Ufer zurück. Und ein Mörder packt seine Sachen und fährt bei Rockmusik mit dem Auto davon.
So lakonisch beginnt Tim Hunters Film. Er geht weiter mit schrillen Typen, schmutzigen Farben und lauter Musik und entwickelt einen Kosmos von Drogen und sozialer Gleichgültigkeit in zerrütteten Verhältnissen.
Und mittendrin in diesen Verhältnissen sitzt Dennis Hopper alias Feck in einem heruntergekommenen Holzhaus, das er seit fünf Jahren nicht verlassen hat, und unterhält seine lebensgroße, weibliche Puppe Ellie mit dem heulenden Spiel seines Saxophons.
Feck ist unrasiert, hat ein linkes Holzbein, hinkt an einer Krücke und fuchtelt mit einem Revolver. Er leidet unter dem Trauma, ein Mädchen umgebracht zu haben. Seitdem sitzt er im abgedunkelten Wohnzimmer seiner Hütte, raucht selbstgezogenes »Gras«, trinkt und verkauft Halbstarken Joints.
Der Schauspieler Dennis Hopper ist in dieser ersten Sequenz, nach 12 Minuten, sofort voll da. Seine äußere Erscheinung ist so perfekt umrissen, daß die Psycholo-

gie dieses Mannes mit dem sozialen Knacks offenliegt. Unrasiert, fettiges Haar, ungesunder Teint, verkrampfte Körperhaltung, irres Grinsen und meckerndes Lachen, seltsames Gebaren: ein Outsider. Wieder einmal beweist der Star Mut zur Häßlichkeit.

Sein Image des wilden Wahnsinnigen kann allerdings nach »Blue Velvet«, dem Film, der vor »Das Messer am Ufer« entstand, kaum übertroffen werden. Deshalb wirkt Hopper jetzt zwar auch freakig, häßlich und auch bedrohlich, aber gegen den Frank in David Lynchs Filmthriller doch eher wie ein gutmütiger Sozialfall. Ein Opfer als Täter.

Feck behauptet, seine Freundin, die er liebte, vor zwanzig Jahren ermordet zu haben. Seitdem sind in seiner Einbildung die Bullen hinter ihm her. Seitdem verschanzt er sich in seinem Haus mit dem Revolver im Anschlag und tanzt nachts mit seiner Puppe einen makabren Totentanz.

Im fahlen Licht der paar Sequenzen, in denen Hopper auftritt, wirkt er gespenstig und geheimnisvoll. Ein interessanter Ausgeklinkter mit einer ereignisreichen Vergangenheit. Schauspielerisch ruft der Star seine Mittel wie in einer beliebigen Routinearbeit ab. Ein Zähneblecken genügt, um dem Film eine neue Dimension von Unheil zu verleihen. Ein hinkender Gang durchs Bild – und eine ganze Generation von Filmbösewichten steigt dem Zuschauer ins Gedächtnis. Hopper weiß genau, was er zu spielen hat. Und wie er es spielt. John, der Mörder der jungen Frau aus der Eingangssequenz, fühlte sich angeblich selbst tot und erst lebendig, als die Frau tot vor ihm lag. Das gesteht er zumindest in einer düsteren Sequenz am Ufer des mythologisch gesehenen Flusses Feck, der diesen John kurzfristig vor der Polizei versteckte. Bei Feck ist es anders, er hat als zwanzig Jahre lang aus der Gesellschaft verschwundener Halbtoter seine unselige Tat gebüßt, bestraft genug durch sein zwei Jahrzehnte währendes Unglück. Als er dieses seinem Gefährten gesteht, sieht er herzerweichend bemitleidenswert aus.

Dennis Hopper alias Feck, zerrissen von Erinnerungen, noch immer gezeichnet vom Schock seiner Untat, weint, und dann erschießt er den Mörder, weil es »keine Hoffnung für ihn gibt«. Und danach, symbolisch, auch seine Puppe, damit sie »nicht altert«, so wie er zwanzig Jahre zuvor seine Freundin in übergroßer Liebe erschoß, damit sie ewig jung bliebe. Das alles gesteht er später der Polizei, die ihn im Krankenhaus besucht, wo er liegt, nachdem Kinder ihn niedergeschlagen hatten, um an Geld, ›Gras‹ und ein Auto zu kommen. So schwarz ist Tim Hunters Film.

Und Dennis Hopper in der letzten Einstellung, mit einem Mullverband über den Kopf, unrasiert, deprimiert und orientierungslos, ein Wrack, das seit zwanzig Jahren an den Klippen der Gesellschaft dümpelt, bleibt in Erinnerung mit hilflosen, fast autistisch wirkenden Gesten, einem Gesicht, in dem sich die Trauer über die Verhältnisse eingegraben hat – und hellwachen, jugendlichen Augen, die alles gesehen haben.

Dennis Hopper in »Die schwarze Witwe«:
Er sitzt in seinem Traumbüro und hantiert an einem Computer aus High-Tech und Plastik herum, der ihn soeben 200 000 Dollar gekostet hat. Das Büro verrät, daß dieser Mann ganz oben ist – und daß er seine ganzen Emotionen aus der Arbeit heraushält.
Der 50jährige Dennis Hopper spielte in Bob Rafaelsons Thriller um die mörderische Heiratsschwindlerin Theresa Russell deren 50jährigen Ehemann Ben Dumers, der von nichts weiß und selbst davon keine Ahnung hat. Der Fabrikant von Spielzeug für die Kinder reicher Eltern ist ein typischer nordamerikanischer Geschäftsmann: clever und naiv. In die Abgründe seiner Frau blickt er nicht. Seine eigenen verdeckt er mit Betriebsamkeit und Cognac.
Es ist klar, daß dieser Mann, der zu Hause im Schlafrock herumgeistert und pünktlich die Flaschen leert, die in seiner Hausbar stehen, von seiner leidenschaftlichen Frau gehaßt wird. Sie hält es an seiner Seite nur aus, wenn sie heimlich auf Abwegen wandelt. Der graumelierte Ehemann hat nicht das Format, eine lebenshungrige und 22 Jahre jüngere Frau zu halten – und schon mal deshalb, neben einem noch handfesteren Grund, legt sie ihn um.
Mariel spritzt Gift aus einer Kanüle in eine verschlossene Flasche besten Cognacs, und da sie vorausberechnen kann, wann ihr biederer Geschäftsmann eine neue Flasche braucht, funktioniert der Plan perfekt. Schon nach zehn Minuten ist Dennis Hopper an »Atemversa-

gen«, wie es der ärztliche Befund formuliert, aus diesem Film ausgeschieden.

Die Testamentseröffnung macht klar, warum dieser Mann sterben mußte: seine zwei Monate zuvor geheiratete Frau Mariel erbt alles. Ein Todesurteil. Der typische Fall eines Biedermannes, der dem Sex-Appeal einer jungen Frau verfällt und ihr Opfer wird.

Die Rolle in Bob Rafaelsons Film von 1986 ist kurios. Dennis Hopper geistert durch das Lichtspiel wie ein Schatten. Noch bevor sich der Zuschauer an seinem typischen Spiel, den Gesten, den mimischen Standards, seiner Körpersprache sattsehen kann, ist er schon wieder ausgeschieden.

Auch in diesem Fall hätte kaum ein anderer Star diesen Part eines Mannes, der schnell abserviert wird, spielen können. Aber Allroundtalent Dennis Hopper, der zum Zeitpunkt der Dreharbeiten zu »Die schwarze Witwe« an einigen anderen Projekten arbeitete, muß sich um sein Image keine Sorgen machen. Er ist zu vielseitig. Und er war nie ein Sklave Hollywoods oder der Besetzungsbüros der Traumfabrik.

Nur ein Projekt klappte nicht. Hopper bemühte sich um die Verfilmung der Bukowski-Autobiographie.

Der hartgesottene Drogen-Freak Hopper besuchte den hartgesottenen Trinker Charles Bukowski. Dieser später: »Jemand machte eine Bemerkung ohne Witz, aber Hopper warf seinen Kopf in den Nacken und lachte ohne Ende, während seine Goldkettchen klimperten.«

Dieses Lachen bewog den Dichter und Poeten der Gosse – und auch den anwesenden Regisseur Barbet Schroeder, der den Stoff 1987 dann schließlich mit Mickey Rourke verfilmte –, Dennis Hopper unter allen Umständen von der Regie fernzuhalten. Er traute ihm nicht. Hopper besaß selbst zu dieser Zeit des Wiederaufstiegs noch das Image des hoffnungslos Verrückten.

Das Haus in Venice

Dennoch hatte Hopper nun längerfristig Erfolg. Und mit dem Erfolg kam neuer Reichtum.

Dennis Hopper reagierte schnell und ließ sich in L. A. ein Heim bauen, das für die nächsten zwei, drei Jahrzehnte zur Festung gegen die Stürme des Lebens werden sollte. Und eine Festung muß es auch sein, denn es steht in der Zone des Los-Angeles-Stadtteils von Venice, in der die berüchtigten Straßengangs ihre blutigen Bruderkriege austragen. Der Avantgarde-Architekt Frank Gehry hat das Haus entworfen. Ein zur Straße hin abweisender und fensterloser Bau, innen großzügig und großräumig, mit viel Licht, wenig Türen und wenig Wänden. Hopper liebt offene, hohe und lichte Räume, in denen der Blick schweifen kann.

Und anderswo als in Los Angeles zu wohnen kann sich Hopper ohnehin kaum vorstellen. Die Stadt ist für ihn »ein kulturelles Kraftzentrum, und von Hollywood

gehen Signale aus, die den Lebensstil und die Mode aller Erdteile beeinflussen. Zugleich sind wir immer noch der neue Westen«.
Und weiter: »Die Künstler sind hier in Venice, weil die Grundstücke noch billig sind und sie es sich leisten können, hier große Ateliers zu errichten. In Beverly Hills könnte ich mir dieses Haus nicht bauen.«
In diesem Haus, das mit guten Alarmanlagen gesichert und uneinsehbar ist, in der Nähe des Badestrandes von Venice, in einer Gegend, die von Taxifahrern gemieden wird, weil hier manchmal jugendliche Killer ohne Grund jemanden umlegen, hier hat sich Hopper verschanzt.
Ein Haus auf den Prominentenhügeln von L. A. oder Hollywood könnte sich der Außenseiter-Star immer noch nicht leisten. Und hier, im Getto, ist er akzeptiert von den Nachbarn. Obwohl er natürlich gefährlich lebt. Denn er ist ein Weißer und inzwischen Arrivierter, zwei Gründe für Underdogs, schiefe Blicke auf ihn zu werfen.
»Ich wohne mitten im Kriegsgebiet«, beschreibt Hopper die Situation. »Wenn ich aus dem Fenster schaue, sehe ich die Jungs Kokain verkaufen.«
Dieses Haus von außen: ein blauer Wellblech-Bunker. Das Haus innen: drei Räume im Parterre, im ersten Stock Schlafzimmer und Bad, ohne Türen, und dann ein Dach darüber, geschwungen wie eine Meereswoge. Das Haus ist vollgestopft mit Bildern und Objekten. Auf dem Schreibtisch ein Berg von Artikeln, Brie-

fen, Zeitungen. Die Wände teilweise bemalt mit großformatigen Cartoons im Stil des fotografischen Realismus. Und um dieses Haus herum: ein weißblauer Zaun, wie ihn David Lynch in »Blue Velvet« als ironisches Symbol des idyllischen Amerika verwendete.
Dieser Zaun steht für die neue Bürgerlichkeit des Dennis Hopper. Aber auch die seelischen Abgründe, die sich jenseits der Harmonie und der Idylle in jedem Menschen, in jeder Familie verbergen. Hopper selbst

In »Blue Velvet« spielte Hopper den Neurotiker Frank Booth, der sich mit Äther, Tabletten, Alkohol und LSD aufpumpt, bis er explodiert.

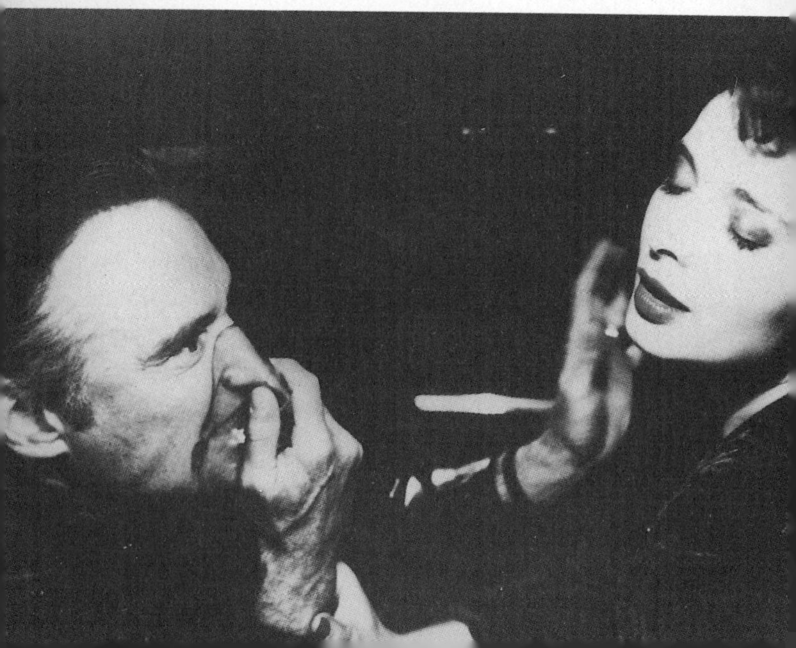

weist in Gesprächen auf diesen Umstand hin. Denn als er das Drehbuch von David Lynch zu »Blue Velvet« in die Hände bekam, rief er den Regisseur spontan an und sagte: »David, du mußt mich den Frank Booth spielen lassen. Ich bin dieser Frank!«
Er bekam die Rolle und spielte sie beängstigend gut. »Blue Velvet« war einer von mehreren Gründen für Hoppers letztes Comeback.

Dennis Hopper als Frank Booth in »Blue Velvet«:
Die Stimmung ist düster, und der Mann ist ganz in schwarzes Leder gekleidet. Wie eine scharfe Waffe betritt er die Wohnung von Dorothy Vallens und verlangt seinen Bourbon. Papa ist nach Hause gekommen. Das grausame Spiel beginnt.
Dennis Hopper war nie so bedrohlich wie in diesem Film. Er profitiert natürlich von der Dunkelheit dieser Sequenz, von der langsam gesteigerten Spannung bis zu diesem Moment, von der Vorgeschichte, die seinen Auftritt mit allen furchtbaren Vorahnungen auflädt.
Und er erfüllt alle Erwartungen. Als Perverser, der die von ihm abhängige Frau zwingt, vor ihm niederzuknien und ihre Schenkel zu spreizen, bevor er über sie herfällt, umgibt ihn die Aura des Maniacs, der zu allem imstande ist. Dennis Hopper, der Irre aus Hollywood, spielt diesen Mann mit der seelischen Ausstattung eines Außerirdischen, diese Menschenmaschine mit Raffinesse und sichtlicher Freude am Bösesein.
Er schnüffelt unter einer Äthermaske, sabbert infantil

und quengelt nach seiner Mami, schlägt gleichzeitig wie ein Verrückter auf die vor ihm liegende Frau ein und verrichtet seine sexuellen Instinkte wie eine Notdurft – ein männliches Wrack, dessen soziale Schäden ihn auf den Status eines Barbaren reduzieren.
Welcher Hollywood-Star könnte das so spielen, wenn nicht Dennis Hopper, der alle Höhen und Tiefen des Lebens durchlief? Seine darstellerische Technik des »Method Acting«, die er am New Yorker »Actors Studio« erlernte, ermöglichte ihm, die Rolle des Neurotikers und Perversen, der unter kindlichen Traumata schwer leidet, zu spielen.
Denn Hopper verkörpert die Rolle nicht nur, er scheint sie zu leben. Unglaublich, aber wahr: der Zuschauer sieht in keiner Phase, daß hier jemand an der Arbeit ist, um eine Kinofigur zu umreißen, er glaubt, den privaten Hopper vor sich zu haben. Ein Trick des Schauspielers, gewiß – aber auch das gewährt einen tiefen Einblick in die Biographie dieses gezeichneten Künstlers.
Gerade auch als Kontrast zu den übrigen netten Leuten in der US-Provinzstadt Lumberton, in der der Film spielt, der »Stadt, in der die Leute wirklich wissen, wieviel Holz vor der Hütte ist«, wie ein Radiomoderator kalauert, wirkt diese Gestalt des kaputten Wüterichs betont unseriös. Er scheint die Kanalratte in einer freundlichen Stadt mit netten Schoßhündchen zu sein. Auswurf aus der Vorstadt. Und ein Mann mit soviel kriminellen Energien, daß es fast schon tödlich ist, sich für ihn zu interessieren.

Frank Booth, das bedauernswerte Opfer einer mißglückten Sozialisation, das zu einem Monster mutiert und zwischen Killermentalität und kindlichen Liebesbedürfnissen hin und her taumelt.

Er springt seine Gegenüber an wie eine hungrige Ratte. Von diesem Mann sind keine Floskeln, keine Tischsitten, keine Formalitäten zu erwarten. Da er die Situation, in der er sich befindet, blitzartig durchschaut, entgeht ihm keiner. Und da er seine schlagstarke Gang im Rücken weiß, kneift er nie. Die Konsequenzen seiner rüden Verhaltensweisen nimmt er leicht in Kauf. Denn gewachsen ist diesem Kriminellen mit dem neurotischen Zug ohnehin keiner.

Ein solcher Kerl ist mehr als bedrohlich. Er erfüllt schon durch seine bloße Gegenwart den Tatbestand der versuchten Körperverletzung. Wem er begegnet, der ist von vornherein in der Verteidigung. Wem er gegenübertritt, der spürt in seinem Blick die Kanone, die zwischen seine Augen gerichtet ist.
Mit meckerndem Lachen rast Dennis Hopper alias Frank Booth im Auto durch die Stadt. Im Fond seine meckernd lachenden Kreaturen. Allesamt Neurotiker, die Frank vergessen lassen, daß er selbst neurotisch ist und die übrige Welt »normal«.
Frank Booth starrt in seine Kindheit. Seine Leibeigenen um ihn herum singen von Zeit zu Zeit die Songs dieser Kindheit. Und für die Dauer dieser Single-Songs ist Frank gebannt, ein Kind, das glücklich am Schnuller seiner Erinnerung lutscht. Ein Kind, das die Botschaften seiner Umgebung wieder wie in früherer Zeit als Rätsel in sich aufsaugt – für die Dauer des Rauschs zurückversetzt und lange vor der Zeit, in der dann die Enträtseler auftreten werden und sein Kinderparadies mit Faustschlägen, mit Drogen, mit brutalem Sex oder mit Worten kaputtschlagen.
Hopper spielt das bedauernswerte Opfer einer mißglückten Sozialisation, das zu einem Monster mutierte und jetzt, schwankend zwischen böser Killerattitüde und regredierendem Infantilen maßlos geworden, maßlos handelt. Der die Dunkelheit liebt und herausschreit: »Ich ficke alles, was sich bewegt!« Oder: »Ich schieße, wenn ich was Weißes in deinen Augen sehe!«

Ein völlig durchgedrehter Sexualverbrecher mit schweren Traumata und guten Kontakten zur Drogenmafia, der nur eine Zukunft besitzt: die des Stillgestellten, vor dem die Gesellschaft geschützt wird.
Dieses Monster pumpt sich mit Alkohol, LSD, Äther und Tabletten auf, bis ihm die Welt zu eng wird. Dann explodiert es.
David Lynchs düsterer, wenn auch in manchen Passagen ironischer Thriller über die »fremde seltsame Welt« unter der Oberfläche kleinbürgerlicher Idylle besitzt im Spiel von Dennis Hopper die Signatur des Horrors. Hopper drückt der Kleinstadtballade den persönlichen Stempel des absoluten Bösen auf, er bringt eine Note ein, die das Unfaßbare alltäglich werden läßt. Und er unterläuft damit die trotz allen Grauens durchaus vorhandenen Tendenzen des Films, sich lustig zu machen über das naive Weltbild seines Personals. Hopper als Frank ist das Ungeheuer, das alle Einbildungen von Teenager-Phantasien Wirklichkeit werden läßt und noch übertrifft. Eine bizarre Leistung.

Folgende Doppelseite:
Genugtuung für Hopper. Als Regisseur von »Colors – Farben der Gewalt«, hatte er Riesenerfolg.

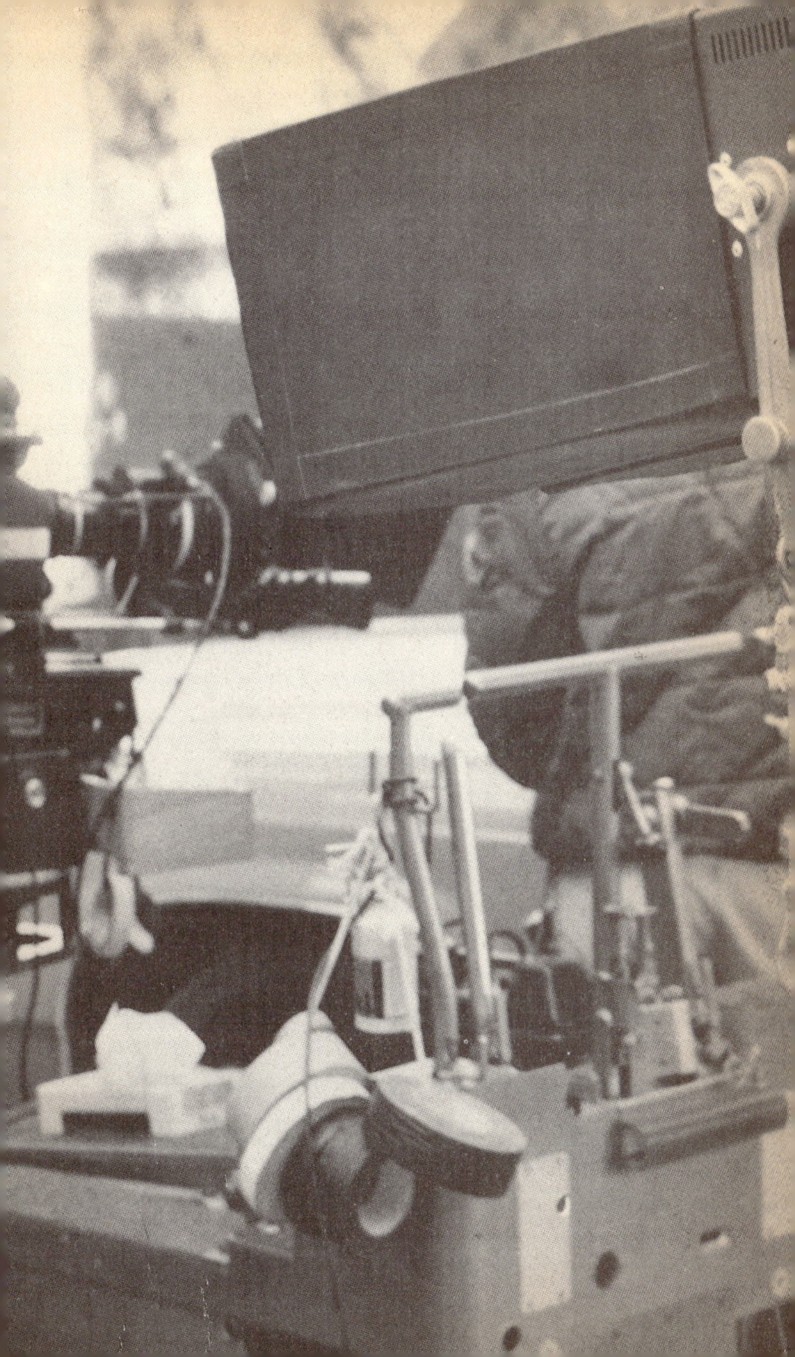

Im Dschungel des Gettos

Wenn Hopper aus seiner neuen Behausung hinausblickt, fällt sein Blick auf kleine Bungalows und Gärtchen. Die Wände der Häuser sind mit Graffiti aus der Spraydose übersät. Wo keine Farben sind, blättert der Putz ab. Wellblechhütten und stacheldrahtbewehrte Häuser wechseln mit Hamburger-Stationen ab, die kleinen Festungen gleichen. In den Hinterhöfen dieser Szene, die als das Getto von Venice gilt: die »Junkie Yards«, die Drogenumschlagplätze.

Hopper weiß, daß er vorsichtig sein muß. Ein falscher Schritt, ein Schritt zu tief in den Dschungel, und schon könnte die Katastrophe eintreten.

Diese Gefahr versuchte er mit einem Projekt zu bannen, mit dem er sich den Respekt des Gettos zu sichern hoffte. Mit dem Film »Colors – Farben der Gewalt«. Er holte sich für diesen Film die Statisten von der Straße. Zwei dieser Leute sind inzwischen erschossen worden. Einer sitzt für lange Zeit im Gefängnis. Und für eine der beiden Hauptrollen engagierte er Sean Penn, den wilden Kerl aus Hollywood, einen Alptraum für jeden Regisseur.

Penn hatte die ursprüngliche Idee für »Colors« gehabt und Hopper dafür begeistert. Beide verstanden sich wider Erwarten großartig. Bei den Dreharbeiten verlief alles harmonisch. Nur danach gab es Probleme. Penn hatte wieder einmal einen Reporter verprügelt und mußte anschließend für zwei Monate in den Knast.

»Colors – Farben der Gewalt« oder: Die erfolgreiche Regie

Dennis Hopper inszenierte mit »Colors« einen Film über die Straßengangs in Los Angeles und deren Bekämpfung durch das »C.R.A.S.H.«-Dezernat (Kommunales Dezernat zur Bekämpfung von Straßengangstern) sowie durch das Dezernat »O.S.S.« (Operation Straßensicherheit). 250 Männer und Frauen arbeiten in diesen beiden Dezernaten gegen ungefähr 600 Gangs mit insgesamt geschätzten 70000 Mitgliedern, die im Jahr der Produktion des Films den Tod von 387 Menschen verursachten.

Dennis Hopper beschränkt sich in diesem Fall auf die Regie, erscheint selbst nicht vor der Kamera und läßt seine beiden Hauptdarsteller Robert Duvall und Sean Penn agieren. Interessant ist dabei, wie der Schauspielerregisseur Hopper versucht, sein eigenes »method acting« auf diese Schauspieler zu übertragen.

Der Film beginnt bei der Instruktion der Polizisten im Headquarters. Wir erleben das übliche Gerangel unter Macho-Männern, die ihre persönliche Unsicherheit hinter starken Sprüchen verbergen. Und das schräge Team Danny McGavin und Bob Hodges wird geboren, das schon im nächsten Moment zur Filmmusik von Herbie Hancock zusammen auf Streife in die heißen Viertel der Stadt fährt.

Nach dem Titelvorspann erlebt der Zuschauer die erste Aktion einer Straßengang aus Farbigen. Im fahlen

nächtlichen Licht von Neonlampen schiebt sich ein Kleinbus ins Bild, in dem eine Gruppe bekiffter Schwarzer von den »Crips« sitzt und ein noch unbekanntes Ziel ansteuert, das sich wenig später als Vorgarten eines Mietshauses im Viertel der rivalisierenden Gang »Bloods« entpuppt. Und schon gibt es einen Toten, der aus einem großkalibrigen Gewehr erschossen am Boden liegt und den »Bloods« angehörte.
Der Film schneidet danach sofort Robert Duvall ins Bild, der am Tatort erscheint. Dieser Schnitt – und viele andere später – wirkt, als hätte Regisseur Hopper ein modernes Theaterstück inszeniert, in dem auf einem großen Spieltableau die Schauspieler ganz unterschiedlicher Szenen schon versammelt sind, nur durch die Lichtregie aus der Passivität und Anonymität hervorgehoben werden und beginnen, ihren Text zu sprechen. Eine Regie, wie sie etwa Thornton Wilders Theaterstück »Unsere kleine Stadt« exemplarisch verlangte und in den 60er Jahren als Inbegriff avantgardistischer Inszenierung oft angewandt wurde.
Ein großes, gewalttätiges »Ballett« gefangener Schwarzer auf dem Polizeirevier schließt sich an. Hopper inszeniert das als groteskes und bedrohliches Szenarium – choreographisch auf »Rap«-Dance zugeschnitten – und schneidet gegen diesen irren Tanz von Farbigen, die sich wie wilde Hunde gebärden, das ruhige Dahingleiten der beiden weißen »Bullen« in ihrem Dienstwagen bei einer Streifenfahrt.
Schwarz und Weiß prallen aufeinander. Die Regie führt

das vor allem als Kontrast von Farben vor. Die Welt der farbigen Gangmitglieder in den Vororten ist bunt – Graffiti, Kleidung, Musik. Die Welt der weißen Bullen ist – nicht nur äußerlich – schwarzweiß. Strenge steht gegen Vielfalt, Verstand gegen Gefühl, Worte gegen Musik, Gesetz gegen Sinnlichkeit, Recht gegen zügelloses Leben. Aber auch: privilegiertes Leben gegen Chancenlosigkeit im Getto.

Dieser Kampf nimmt existentielle Züge an, und die Regie betont die Kontraste immer stärker. Da es sich bei »Colors« auch um einen sogenannten Buddy-Film handelt, in dem gewöhnlich zwei unterschiedliche Männer zusammen agieren, sich fetzen und verzeihen, nehmen auch die Differenzen zwischen den beiden ungleichen Polizisten zu, von denen der eine mit einer Welt im Clinch liegt, in der der andere gerne lebt. Der Film betont die Gegensätze zwischen den Rassen, Geschlechtern, Altersklassen, Mentalitäten.

Dennis Hopper malt die Sequenzen mit bunten Farben aus. Er ließ für diesen Film an jeder Betonfassade, die ins Bild kommt, Graffiti auftragen – wenn diese nicht schon vorhanden waren. An die Häuserwände der Straßen in L. A. läßt er großformatige Wandbemalungen anbringen, wie er sie auch in seinem eigenen Haus in Venice hat. Natürlich liebt der Schauspieler auch als

Folgende Doppelseite: Regisseur Dennis Hopper am Drehort.

LAPD

Regisseur die extravagante Darstellung. Und seine Schauspielerführung verweist eindeutig auf seine Zeit im »Actors Studio« in New York. Er hält seine Darsteller an, die Sequenzen, in denen sie erscheinen, von Anfang bis Ende zu nutzen für emphatisches Spiel und emotionale Selbstdarstellung.

Dennoch kommt Hopper um einige Zugeständnisse an die Konventionen des Action-Films nicht herum:

Es gibt die besinnliche Sequenz und darauf die Autoverfolgungsjagd durch die Suburbs. Dabei geht traditonsgemäß Material zu Bruch, und der übliche Staub wird aufgewirbelt. Sean Penn kann seine Fahrkünste demonstrieren, und die langen Fahrten bieten der Kamera Gelegenheit, einige der touristischen Attraktionen der Vororte von L. A. wie nebenbei ins Bild zu bringen. Am Ende ist der Autofriedhof um einige ausgebeulte Exemplare reicher. Und vor den Graffiti an den Wänden explodiert ein umgestürztes Fluchtauto.

Das wirkt wie nach Action-Rezepten abgezogen. Dennis Hoppers Stärke als Regisseur liegt nicht darin, Genre-Regeln zu absolvieren. Es sind die Details, die überzeugen. Es ist gewiß nicht die Spannungsdramaturgie, es sind die bizarren Einzelheiten. Die Unterhaltung zweier auf dem Kopf stehender Polizisten etwa, die in einem umgestürzten Dienstfahrzeug auf Rettung warten. Die großflächigen, majestätischen Wandgemälde hinter einer gewalttätigen, hektischen Straßenszene. Ein paar entlarvende Dialoge, die den Sexismus in der Männerwelt verdeutlichen. Die Gruppierung einer angetretenen Straßengang nicht nach dramaturgischen, sondern nach ästhetischen Gesichtspunkten. In solchen Szenen beweist sich der genaue Blick des Fotografen Dennis Hopper, der ein Bild zu arrangieren weiß.

Auf der erzählerischen Ebene setzt sich dieses genreunübliche Verhalten fort in der Umgruppierung von sozialen Vorurteilen gegenüber Schwarzen und Farbigen.

Plötzlich, in einer Versammlung der Gangmitglieder, wird deutlich, warum diese zusammenbleiben: die Gang ist ihr Zuhause. Nur in der Gruppe gibt es emotionale Sicherheit, die ihnen die »Restgesellschaft« verwehrt. Hopper versucht hier eine differenzierte soziale Begründung für das Gangwesen, ohne dieses zu rechtfertigen. Sein Film verhält sich dadurch weitaus fortschrittlicher als etwa der vergleichbare Thriller von John Carpenter »Das Ende/Assault – Anschlag bei Nacht« von 1976, der ebenfalls die L. A.-Gangs zum Thema hat, den Gegenstand jedoch ausschließlich für – wenn auch grandiose – Action- und Thriller-Effekte nutzte.

Im Verlauf des Films gibt Hopper die Spannungsdramaturgie immer mehr auf zugunsten von Tableaus, in denen weiße Polizisten und schwarze Drogenkonsumenten oder -dealer sich beharken. Der Rassismus und das Unverständnis zwischen den Fronten wird deutlicher. Und das Spiel der Darsteller gewinnt an expressiver Ausdruckskraft. Der Actionfilm wird zunehmend zum Kammerspiel, in dem die Rasanz der Handlung

eingefroren ist auf emotionale Wortgefechte und mimische Anstrengungen.
Gestus und Körpersprache der Farbigen aus dem Getto stehen dabei vor allem im Vordergrund. Der Film führt die »exotische« Ausdrucksweise von farbigen Straßenjungs vor und macht damit deren ureigene Welt und Mentalität deutlich, die von weißen Gesetzeshütern nicht verstanden werden kann. Der unterschiedliche Gestus und Sprachgebrauch von »Exoten« als schon verdächtige Handlung in den Augen von Rassisten – fast unmerklich gewinnt der Film diese Tendenz.
Und er verliert dabei an Spannung. Der aufmerksame Kulturkritiker Dennis Hopper wird hier sichtbar, der jedoch nicht mit Argumenten arbeitet, sondern ganz visuell das Thema Rassenkonflikte behandelt.
Auf der einen Seite die überfüllte Welt der Zuchthäuser, des Gettos, der Vororte, der Abrißhäuser, der Szenetreffs, eine Berserker-Welt der Latinos, Schwarzen, Gelben – und auf der anderen Seite die ruhige Single-Welt weißer Gesetzeshüter, weißer Kleinfamilien, weißer Liebespaare. Hier muskulöse, schweißglänzende, tätowierte Körper, dort die weißen Uniformierten. Hier eine Welt von »Riesenpartys« mit Koks, Kampf und Kameraderie, dort die Welt der Pflichten und Traditionen. Der kulturelle Graben reicht tief, und Polizisten können ihn nicht zuschütten: das zeigt Hoppers Film eindringlich.
Mit »Colors – Farben der Gewalt« gewann Dennis Hopper seine Reputation als ernstzunehmender Film-

»Colors – Farben der Gewalt«, brachte Hopper endgültig in den Kreis der lebenden Filmkünstler zurück.

künstler zurück, die er zuvor durch bornierte Vorurteile der Hollywood-Bosse und eigene Eskapaden verloren hatte. Der Film ist nicht in allen Teilen gelungen. Er wird Freunden des Action-Genres zu langsam erscheinen, Fans des Polizeifilms zu wenig dramatisch, Anhängern des »Buddy«-Genres zu beliebig. Seine Stärken liegen eindeutig im visuellen Bereich.

Hopper, der Regisseur, versteht es, Filmbilder plastisch zu machen, sie bis an die Ränder zu füllen mit Informationen. Er kann Mentalität und Lebensweise von Menschen durch Sprache, Kleidung, Gestus verdeutlichen, ihr Lebensgefühl nachempfindbar machen, in schönen Tableaus Dialogszenen zuspitzen. Der fotografische Blick Hoppers vereinigt die dokumentarische Realität nahtlos mit einer Ästhetik des Fiktiven.

Und: Hopper kann Schauspieler führen.

Aus allen diesen Gründen ist »Colors« ein bemerkenswerter Film geworden, der an der Kasse ein Erfolg war und Dennis Hopper endgültig in den Kreis der lebenden Filmkünstler zurückbrachte.

Die Testvorführung vor fünfzig ausgewählten Personen verschiedenen Alters und Geschlechts, inklusive betroffene Schwarze und Mexikaner, ergab eine breite Zustimmung zu Ton und Inhalt des Films. Im Original dieses authentischen Films wird im schwer verständlichen Slang des Gettos gesprochen. Auch insofern besitzt »Colors« eine fast dokumentarische Qualität, die von den Gettobewohnern, die den Film sahen, fast durchweg bestätigt wurde.

Von der Kritik wurde Hopper jedoch teilweise scharf angegriffen, weil er angeblich Gewalt verherrliche. »Ich kann«, antwortete der Regisseur, »nicht lügen. In diesen Vierteln von L. A. herrscht nichts als Gewalt, und es wird mit jedem Tag schlimmer«.
Hopper hatte wie besessen an seinem vierten Film unter eigener Regie gearbeitet. Am Schnitt in den Liongate Studios am Olympic Boulevard saß er rund um die Uhr. »Colors« sollte Hopper die Mitgliedschaft im Verband der Regisseure einbringen. Und die Anerkennung des Publikums, das seinen Namen zukünftig mit außergewöhnlichem, spannendem Kino verbinden sollte.
»Colors«, der realistische Film über die War Zones, spielte an der Kasse 50 Millionen Dollar ein. Er verschaffte Dennis Hopper vorerst beinahe unbegrenzte Möglichkeiten, weitere Projekte zu realisieren.

Arbeitswut

Der Künstler nutzte die Lage und stürzte sich sofort in sein nächstes Filmabenteuer.
Sein neues Projekt hieß »Backtrack«, ein Film, in dem er sowohl Regisseur als auch Hauptdarsteller ist. In »Backtrack« verknüpfte Hopper seine Liebe zur Kunst mit seinem Faible für Unterwelt-Organisationen wie die Mafia. Er gewann einige seiner Künstlerfreunde

dafür, sich selbst zu spielen, so beispielsweise Neil Young und Bob Dylan. Darüber hinaus stellte die inzwischen unvorstellbar erfolgreiche US-Malerin Jenny Holzer ihr Werk für die Hauptdarstellerin Jodie Foster zur Verfügung, die im Film von der Mafia abserviert werden soll.

Den Killer spielt Hopper natürlich selbst. Solche schwarzen Rollen läßt er sich nicht nehmen.

»Backtrack« ist vor allem ein visueller Film. Ungewöhnliche Drehorte – zum Beispiel die Wüste im Nordwesten von Neu-Mexiko – zeichnen ihn ebenso aus wie ein dunkler, ästhetischer Look, der an Filme aus den 40er Jahren erinnert.

Über seine eigene Rolle sagte Hopper: »Ich bin ein Repräsentant der Alten Welt, ein sizilianischer Mafioso der zweiten Generation, in Chicago geboren, ein einsamer Mann, der heimlich Saxophon spielt und nie etwas anderes als käufliche Liebe gekannt hat. Daher auch der Schock und die Bedeutung seiner Begegnung mit Anne, einer Frau, die ihm andere Horizonte eröffnet.«

»Backtrack« wurde ein Film, der die neue Devise von Dennis Hopper erfüllte: »Ich möchte nur noch Filme machen, die unterhalten, die die Leute im Kino gern sehen.«

Diese Devise erfüllte auch der folgende Film, der den Titel »Flashback« trug. Hopper spielte darin die erste komische Rolle seines Lebens und bewies einmal mehr sein Multitalent. In einer humorigen Rückkehr in die

»swinging sixties« mimt er einen radikalen Politiker, der mit allen Tricks der Manipulation vertraut ist.
Das Werk entstand in einer Berggemeinde am Oberlauf des Colorado River. Auf der Besetzungsliste stand auch eine Hippie-Kommune der Gegend, die Hopper vor Ort engagierte. Die Blumenkinder waren begeistert dabei. Für sie war die Mitwirkung des Stars, der eine Kultfigur der damaligen Gegenkultur war, die Garantie, daß der Film ehrlich bleiben würde.
Auch der Regisseur des Films, Franco Amurri, äußerte sich enthusiastisch über Dennis Hopper. »Ich habe ›Easy Rider‹ oft gesehen. Ich war so beeindruckt davon, daß ich sogar mit der US-Flagge bedruckte Unterwäsche trug. Ich finde es faszinierend, mit Hilfe der Rollenfigur Huey Walker und mit Hilfe von Hopper auf diese Zeit zurückzublicken.«
Dennis Hopper selbst hat mit seiner Gestalt aus »Easy Rider« jedoch nichts mehr gemeinsam. »Ich fühle mich in der Rolle einer Kultfigur unwohl«, sagt er oft. »Und ich bin ein Bourgeois geworden. Ich fühle mich inzwischen mit Anzug und Krawatte wohl. Schließlich kommt es nur darauf an, sich einigermaßen wohl zu fühlen.« Aber er fügt auch hinzu: »Ich mag ›Easy Rider‹ natürlich immer noch. Obwohl es nicht mein liebster Film ist. Ich finde auch nicht, daß er viel bewirkte. Als wir ihn in L. A. zeigten, sprangen alle Leute auf und schrien: ›Bringt die Schweine um!‹ In New Orleans hat das Publikum dagegen applaudiert, als die von Peter Fonda und mir gespielten Typen erschossen wurden.«

Der neue »Easy Rider«

Irgendwann in naher Zukunft will Hopper sogar »Easy Rider, Part II« drehen.

»Das wird ganz sensationell«, sagt er mit dröhnendem Lachen, wenn ihn jemand daraufhin anspricht. »Stellen Sie sich vor: zwei zahnlose, keifende Hippie-Rentner in Rollstühlen, unterwegs ins Rentnerparadies Florida ...«

So ganz ernst meint er es mit dieser Version der Idee natürlich nicht.

Aber wenn sein Lachen verebbt ist, beweist er, daß die Idee zur Fortsetzung des Kultfilms doch weiter gediehen ist, als es den Anschein hat.

»Der Film wird ›Bikers Heaven‹ heißen und einhundert Jahre nach dem nuklearen Holocaust spielen«, erklärt Hopper. »Peter Fonda und ich werden zur Erde zurückkehren, um den Amerikanern ihre Flagge zurückzugeben.«

Peter Fonda, der auf einer Bio-Farm in Montana lebt, müßte ebenso für das Projekt gewonnen werden wie Jack Nicholson, davon hängt alles ab. Aber der »Freifahrer« von ehedem Fonda, wie auch der Bürgerrechtler aus »Easy Rider« und »Batman«-Joker Nicholson, haben da ihre eigenen Vorstellungen von einer futuristischen Fortsetzung der »Easy Rider«-Ballade.

»Easy Rider« blieb ein Film, mit dem sich auch eine nachgewachsene Generation identifizieren kann. Der Film ist nicht veraltet. Inwiefern jedoch die Jugend von heute in den Gettos sich unterscheidet von der Hippie-

Jugend der 60er Jahre, erklärt Dennis Hopper, der Regisseur von zwei so extremen Filmen wie »Easy Rider« und »Colors« in einem Interview mit Ingrid Greisenegger (zitiert nach: Erwin Leiser. Die Wirklichkeiten des Dennis Hopper. Weltwoche, 27. 10. 1988): »Als wir in den 60er Jahren Drogcn nahmen, experimentierten wir dabei mit einer Art von Freiheit durch Drogen. In den siebziger Jahren verloren wir die Kontrolle darüber und wurden von den Händlern abhängig. Die wiederum wurden zunehmend von mächtigen Syndikaten kontrolliert. Dem Jugendlichen, der heute am Straßenrand mit Drogen handelt, geht es nur noch um das Überleben. Er ist arbeitslos, es gibt keine Familienstruktur, keine Wertvorstellungen. Sein Vorbild ist der Drogenhändler. Wenn er tötet, wird er zum Superhelden auf der Straße. Das ist ein erschreckender Verfall und hat mit den Burschen aus ›Easy Rider‹ überhaupt nichts mehr zu tun.«
Dennis Hopper hat sich eingerichtet. Er hat sich sogar eine richtige Verlobte zugelegt, die 22jährige Catherine Carrafa, eine Ballerina aus New York. Das Paar wohnt zusammen im Haus in Venice. Und Hopper, voller Pläne, eilt von Projekt zu Projekt, von Termin zu Termin.
Er will nichts weiter tun als Filme machen. Seine Rebellionen sollen sich darauf beschränken, heiße Themen auf die Leinwand zu bringen. »Ich wüßte ehrlich nicht, wogegen ich heute rebellieren sollte«, meint Hopper. »Es gibt kein Problem in den USA, das durch Demon-

strieren gelöst werden könnte. Der Vietnamkrieg ist vorbei, was die Bürgerrechte betrifft, so wollten wir damals erreichen, daß die Schwarzen wählen und auf sich selbst gestellt sein können. Mittlerweile sind sie auf sich selbst gestellt. Sie können wählen, aus dem gleichen Wasserhahn trinken, können in die gleiche Toilette pinkeln wie wir. Wenn sie immer noch Probleme haben, sind es welche, die ich nicht lösen kann.«
Dennis Hopper besitzt heute ein ganz anderes Image als vor zehn Jahren. Er ist »clean«. Und ordentlich. Aus dem »bad boy« ist ein »good guy« geworden.
Der Dennis Hopper der 90er Jahre ist ein Mann, der besessen ist von der Arbeit. Ein »Workaholic«, der die Vorstellung liebt, es gehe mit ihm ständig aufwärts. »Ich bin«, sagt er dazu, »zwar vollkommen überarbeitet. Aber ich kann es kaum erwarten, nach L. A. zurückzukommen, um den neuesten Film zu schneiden, den ich gerade abgedreht habe.«
Der Dennis Hopper von heute ist ein Mann, der Kunst sammelt, Freundschaften pflegt, außerhalb der Arbeit zurückgezogen in seinem Haus lebt. Dennis Hopper ist auch ein selbstkritischer Mann. Er selbst hält seine Fotografien für seine einzige wirkliche künstlerische Leistung.
Heute malt er wieder. »Es macht mir«, sagt er, »Freude, etwas zu erschaffen, das ich immer sehen kann, das sich nicht verändert und seinen Sinn behält. Kunst erzeugt eingefrorene Bilder unserer Welt und ist deshalb wichtiger als andere Medien.«

Hot Spots

Hopper eilt von Projekt zu Projekt. Der nächste Film ist bereits abgedreht. Er trägt den Arbeitstitel »Hot Spots« und kommt im Januar 1991 in die Kinos. Hauptrolle: Don Johnson.

»Hot Spots« ist ein bemerkenswerter Film. Ein Erotik-Thriller der raffiniertesten Sorte. Johnson, der Frauenheld, spielt darin einen abgebrühten Herumtreiber, der in seinen Heimatort zurückkehrt und dort einen neuen Job annimmt. Er will zwar über die Grenze nach Mexiko, aber vorher noch ein paar knifflige Angelegenheiten regeln und Geld auf die Kante legen.

Als er die verführerische Dolly, gespielt von Virginia Madsen, kennenlernt, ändert sich alles. Am Ende findet der Held sich in einem verwirrenden Netz aus Erpressung, Mord und erotischen Obsessionen wieder.

Der Film ist – wie auch schon »Backtrack« – vom Film Noir der 40er Jahre inspiriert. Aber Dennis Hopper hütet sich, sein Werk derart zu klassifizieren. »Wenn du in den Produzenten-Büros das Genre Film Noir erwähnst, rennen alle aus dem Zimmer«, lacht er. »Spätestens im Foyer fragst du dich: Was habe ich falsch gemacht? Hollywood dreht eben zur Zeit keine ›schwarzen‹ Filme.«

»Hot Spots« ist eine Art Zwischenfilm in der Mitte von »Der letzte Tango in Paris«, »Fool for Love« und »Im Netz der Leidenschaft/Wenn der Postmann zweimal klingelt« geworden. Und er trägt die typische, weil visuell orientierte Handschrift seines Regisseurs Dennis Hopper.

Eine schöpferische Pause will der vielbeschäftigte Hopper nicht mehr einlegen. Er hat ohnehin das Gefühl, durch die Exzesse in früheren Jahren zuviel Zeit verloren zu haben. »Ich bereue die Jahre nicht«, sagt er, »aber ich hätte die Schizophrenie und die Paranoia nicht gebraucht, um kreativ zu sein.«

Und der Dennis Hopper von heute will nicht mehr allein sein. Bei der Filmarbeit im Team besteht diese Gefahr am wenigsten. Schon aus diesem Grund werden die Zuschauer sicher noch an vielen Dennis-Hopper-Filmen Freude haben.

Alle Filme in Kino und Fernsehen als Darsteller und Regisseur

Kino-Filme

Als Regisseur:

Easy Rider. USA 1969. Buch: Peter Fonda, Terry Southern, Dennis Hopper. R.: Dennis Hopper.
The Last Movie. USA 1971. Buch: Stewart Stern, nach einer Story von Dennis Hopper. R: Dennis Hopper.
Out of the Blue. USA/Kanada 1980. Buch: Leonard Yakir, Brenda Nielson. R: Dennis Hopper.
Colors/Colors – Farben der Gewalt. USA 1988. Buch: Michael Schiffer. R: Dennis Hopper.
Backtrack. USA 1990. R: Dennis Hopper.
Hot Spots. USA 1990. R: Dennis Hopper.

PANAFLEX

Als Schauspieler:

I Died a Thousand Times. USA 1955. R: Stuart Heisler.
Rebel Without a Cause / Denn sie wissen nicht, was sie tun. USA 1955. R: Nicholas Ray.
The Steel Jungle. USA 1956. R: Walter Doniger.
Giants / Giganten. USA 1955. R: George Stevens.
Gunfight at the O. K. Corral / Zwei rechnen ab. USA 1956. R: John Sturges.
The Story of Mankind / Die Tierwelt ruft. USA 1957. R: Irwin Allen.
From Hell to Texas / Schieß zurück, Cowboy. USA 1958. R: Henry Hathaway.
The Young Land / Land ohne Gesetz. USA 1959. R: Ted Tetzlaff.
Key Witness / Die Wölfe von Los Angeles. USA 1960. R: Phil Karlson.
Night Tide. USA 1963. R: Curtis Harrington.
Tarzan and Jane Regained ... sort of. USA 1963. R: Andy Warhol.
The Sons of Katie Elder / Die vier Söhne der Katie Elder. USA 1963. R: Henry Hathaway.
Queen of Blood. USA 1966. R: Curtis Harrington.
The Glory Stompers. USA 1967. R: Anthony M. Lanza.
Cool Hand Luke / Der Unbeugsame. USA 1957. R: Stuart Rosenberg.

Luke. USA 1967. R: Bruce Conner.
Panic in the City. USA 1967. R: Eddie Davis.
Hang 'em High / Hängt ihn höher. USA 1967. R: Ted Post.
The Trip. USA 1967. R: Roger Corman.
Head. USA 1968. R: Bob Rafelson.
True Grit / Der Marshall. USA 1969. R: Henry Hathaway.
Easy Rider. USA 1969. R: Dennis Hopper.
The American Dreamer. USA 1971. R: Lawrence Schiller, L. M. Kit Carson.
The Last Movie. USA 1971. R: Dennis Hopper.
Crush Proof. USA 1971. R: François de Ménil.
Kid Blue. USA 1973. R: James Frawley.
James Dean: The First American Teenager. England 1975. R: Ray Conolly.
Tracks. USA 1976. R: Henry Jaglom.
Mad Dog Morgan. Australien 1976. R: Philippe Mora.
Les apprentis sorciers. Frankreich 1977. R: Edgardo Cozarinsky.
Der Amerikanische Freund. BRD 1976–1977. R: Wim Wenders.
L'ordre et la sécurité du monde. Frankreich 1978. R: Claude D'Anna.
Couleur Chair. Belgien 1978. R: François Weyergans.
Apocalypse Now. USA 1976–1979. R: Francis Ford Coppola.
Out of the Blue. USA/Kanada 1980. R: Dennis Hopper.
Renacida / Reborn. Spanien/USA 1981. R: Bigas Luna.

Rumble Fish. USA 1981. R: Francis Ford Coppola.
King of the Mountain. USA 1981. R: Noel Nossek.
White Star. BRD 1981. R: Roland Klick.
The Human Highway. USA 1982. R: Bernard Shakey.
The Osterman Weekend / Das Osterman-Weekend. USA 1983. R: Sam Peckinpah.
O. C. and Stiggs / Black Cats. USA 1984, uraufgeführt 1987. R: Robert Altman.
Slagskampen. Schweden/England 1984. R: Tom Klegg.
My Science Project. USA 1985. R: Jonathan R. Betuel.
The American Way. England 1985. R: Maurice Phillips.
Blue Velvet. USA 1986. R: David Lynch.
Texas Chainsaw Massacre, Part 2 / Blutgericht in Texas, Teil 2. USA 1986. R: Tobe Hooper.
Hoosiers. USA 1986. R: David Anspaugh.
River's Edge / Das Messer am Ufer. USA 1986. R: Tim Hunter.
Straight to Hell. USA 1986. R: Alex Cox.
Black Widow / Die schwarze Witwe. USA 1987. R: Bob Rafelson.
Blood Red. USA 1987. R: Peter Masterson.
The Pick-Up Artist. USA 1987. R: James Toback.
A Hero of our Time. USA 1988. R: Michael Almereyda.
Flashback (Arbeitstitel). USA 1989. R: Franco Amurri.
Backtrack (Arbeitstitel). USA 1990. R: Dennis Hopper.
Hot Spots (Arbeitstitel). USA 1990. R: Dennis Hopper.

Als Schauspieler in Fernsehfilmen

Medic (January 1955, NBC), episode »Boy in the Storm«
Public Defender (February 1955, CBS), ep. »Mama's Boy«
Loretta Young Show (March 1955, NBC), ep. »Inga«
Cheyenne (April 1956, ABC)
Conflict (April 1957, ABC) ep. »A Question of Loyalty«
Conflict (April 1957, ABC), ep. »No Man's Land«
Sugarfoot (September 1957, ABC) ep. »Brannigan's Boots«
Studio One (January 1958, CBS), ep. »Trial by Slander«
Zane Grey Theater (March 1958, CBS), ep. »The Sharpshooter«
Studio One (August 1958, CBS), ep. »The last Summer«
The Rifleman (April 1958, CBS)
Decision (September 1958, NBC), ep. »High Air«
Pursuit (December 1958, CBS), ep. »Last Night in August«
Goldie (March 1960, CBS), ep. »Goldie Meets Mike«
The Millionaire (March 1960, CBS), ep. »Millionaire Julie Sherman«

Zane Grey Theater (May 1960, CBS), ep. »The Sunrise Gun«
Barbara Stanwyck Theatre (December 1960, NBC), ep. »No One«
Naked City (March 1961, ABC), ep. »Shoes for Vinnie Winford«
87th Precinct (November 1961, NBC), ep. »My Enemy, My Friend«
Investigators (December 1961, CBS), ep. »The Mind's Own Fire«
GE Theater (January 1962, CBS), ep. »The Hold-Out«
Surfside 6 (March 1962, ABC), ep. »Vendetta Arms«
The Defenders (September 1962, CBS), ep. »The Indelible Silence«
The Twilight Zone (January 1963, CBS), ep. »He's Alive«
Wagon Train (March 1963, ABC), ep. »The Emmett Lawton Story«
The Defenders (September 1963, CBS), ep. »The Weeping Baboon«
Espionage (October 1963, NBC), ep. »The Weakling«
The Greatest Show on Earth (December 1963, ABC), ep. »The Wrecker«
Petticoat Junction (January 1964, CBS)
Arrest and Trial (February 1964, ABC), ep. »The People in Glass Houses«
Lieutenant (February 1964, NBC), ep. »To Set it Right«
Bonanza (May 1964, NBC), ep. »The Dark Past«
Gunsmoke (January 1965, CBS)

Convoy (October 1965, NBC), ep. »The Many Colors of Courage«
Jesse James (February 1966, ABC), ep. »South Wind«
Courtmartial (June 1966, ABC), ep. »Without Spear or Sword«
Combat (February 1967, ABC)
The Big Valley (March 1967, ABC)
The Big Valley (December 1967, ABC)
Guns of Will Sonnett (December 1967, ABC)
Wild Times (1980, UK), directed by Richard Compton
Stark (1985, UK), directed by Red Holcomb
Running Out of Luck (1986, MTV), directed by Julian Temple
Stark: Mirror Image (1986, UK), directed by Noel Nossek
Out of the Blue, Into the Black (1986, UK), directed by Paul Joyce
Some Kind of Genius (1986, UK), directed by Paul Joyce
Rolling Stones History of Rock and Roll (November 1987, ABC)

Anhang

Auswahlbibliographie

In deutscher Sprache ist unter anderem erschienen:

Urs Jenny, Einmal Hölle und zurück. In: Der Spiegel, Nr. 38 (1968).
Erwin Leiser, Die Wirklichkeit des Dennis Hopper. In: Weltwoche, Zürich (27. 10. 1988).
Jan Dreier, Es ist ein Wunder, daß ich lebe – Interview mit Dennis Hopper. In: Stern, Nr. 48 (1988).
Gisela Freisinger, Durch die Wüste der Seele gehen. In: Zeitmagazin (9. 10. 1987).
Christoph Terhechte, Kaputt für Hollywood. In: Tip Magazin, Berlin, Nr. 12 (1987).
A. St., Ovationen für Dennis Hopper. In: Tagesspiegel, Berlin (20. 11. 1988).
Willi Winkler, Mit 52 scheint Dennis Hopper zur Ruhe gekommen zu sein. In: Die Zeit (25. 11. 1988).
Urs Stahel, Eine Reise zum Revival. In: Die Weltwoche, Nr. 36 (1988).
Jean-Christophe Ammann, Zu Dennis Hopper. In: Katalog der Fotoausstellung in der Kunsthalle Basel (21. 8.–23. 10. 1988).

Auf dem internationalen Markt ist unter anderem erschienen:

Bücher und Kataloge

Hopper, Dennis: Out of the Sixties, mit Texten von Dennis Hopper, Michael McLure und Walter Hopps, Twelvetrees Press, Pasadena, California, 1986

Hoberman, Jim: *Dennis Hopper – From Method to Madness*, Katalog der Filmretrospektive im Walker Art Center, Minneapolis, Minnesota, 1987/88
Barbera, Alberto / Cortellazzo, Sara / Ferrario, Davide: *Dennis Hopper – il Cinema*, Città di Torino, Assessorato per la Cultura, AIACE Torino 1988
Ammann, Jean-Christophe: *Dennis Hopper, Fotografien von 1961–1967/Photographs from 1961–1967*, Kunsthalle Basel, 1988

Zeitschriftenaufsätze

Algar, Nigel: »Hopper at Birmingham«. *Sight and Sound*, Vol. 51, No. 3 (Summer 1982), p. 150
Bruce, Bryan: »Rap/Punk/Hollywood: *Beat Street* and *Out of the Blue*«. *CineAction!* (Spring 1985), pp. 6–11
Burns, Dan E.: »Dennis Hopper's *The Last Movie:* Beginning of the End«. *Literature/Film Quarterly*, Vol. 7, No. 2 (1979), pp. 137–147
Cagin, Seth and Dray, Philip: *Hollywood Films of the Seventies.* Harper & Row, New York 1984, pp. 41–74
Combs, Richard: »*The Last Movie*«. *Monthly Film Bulletin*, Vol. 49, No. 585 (October 1982), pp. 218–219
Dorfman, Richard: »Fathers and Sons«. *The Velvet Light Trap* No. 14 (Winter 1975), pp. 42–44
Goldstein, Richard: »Captain America, the Beautiful«. *New York Times* (August 3, 1969)
Greenfield, Jeff: »*Easy Rider:* A Turning Point in Film? A Profound Social Message? An Endless Bummer?«. *Esquire* (July 1981) pp. 90–91
Grimes, Teresa: »BBS: Auspicious Beginnings, Open Endings«. *Movie* No. 32 (Winter 1986), pp. 54–66
Herring, Henry D.: »Out of the Dream and Into the Night-

mare: Dennis Hopper's Apocalyptic Vision of America«. *The Journal of Popular Film and Television*, Vol. 10, No. 4 (Winter 1983), pp. 144–145
Hirsch, Foster: »You're Wrong If You Write Off Dennis Hopper«. *New York Times* (October 24, 1972), Section II, p. 11
Hopkins, Henry: »Dennis Hopper's America«. *Art in America* (May/June 1971), pp. 80–91
Hugo, Chris: »*Easy Rider* and Hollywood in the '70s«. *Movie*, No. 31/32 (Winter 1986), pp. 67–71
James, David E.: »Dennis Hopper's *The Last Movie*«. *Journal of University Film and Video Association*, Vol. XXXV., No. 2 (Spring 1983), pp. 34–46
Kaminsky, Stuart M.: »*The Last Movie*«. Take One, Vol. 3, No. 4 (March/April 1971), pp. 30–31
Macklin, Anthony: »*Easy Rider:* The Initiation of Dennis Hopper«. *Film Heritage*, Vol. 5, No. 1 (Fall 1969), pp. 1–12
Madsen, Axel: »California Dreamin'«. *Sight and Sound*, Vol. 39, No. 3 (Summer 1970), pp. 127–129
Nolan, T.: »You Can Bring Dennis Hopper to Hollywood but You Can't Take Dodge City Out of Kansas«. *Show*, Vol. 1, No. 9 (1970)
Sharres, Barbara: »From Out of the Blue: The Return of Dennis Hopper«. *Journal of University Film and Video Association*, Vol. XXXV, No. 2 (Spring 1983), pp. 25–33
Siska, William Charles: »Formal Reflexivity in Dennis Hopper's *The Last Movie*«. *Modernism in the Narrative Cinema: The Art Film as Genre.* Unpublished PhD. dissertation, New York University, pp. 80–100
Squire, Corinne: »*Out of the Blue* and Into the Black: A Psychoanalytic Reading«. *Screen*, Vol. 23, No. 3/4, pp. 98–106
Warshow, Paul: »*Easy Rider*«. *Sight and Sound*, Vol. 39, No. 1 (Winter 1969/70), pp. 36–38

Interviews und Porträtskizzen

Assayas, Oliver: »Dennis Hopper revient à Cannes«. *Cahiers du Cinéma,* No, 214 (Juin 1980), pp. III–IV
Bell, Arthur: »Dennis Hopper: Easy Rider on a Bum Trip«. *Viva* (March 1974), pp. 73–75
Burke, Tom: »Movies: Will *Easy* Do it for Dennis Hopper?«. *The New York Times* (July 20, 1969)
Burke, Tom: »Dennis Hopper Saves the Movies«. *Esquire* (September 1970), pp. 139–141
Carcassonne, Philippe: »Rencontre avec Dennis Hopper«. *Cinématographe,* No. 68 (Juin 1981), p. 77
Chaillet, Maurice: »Dennis Hopper: Out of the Sixties«. *Première* (Juin 1987), pp. 100–104
Darrach, Brad: »The Easy Rider in the Andes Runs Wild«. *Life* (June 19, 1970), pp. 49–59
Goodman, Mark: »Rebel Without a Cause«. *New Times* (October 2, 1978), pp. 53–60
Goodwin, Michael: »In Peru with Dennis Hopper Shooting *The Last Movie*«. *Rolling Stones* (April 16, 1970), pp. 27–32
Green, Robin: »Confessions of a Lesbian Chick: A Penetrating Interview with Dennis Hopper«. *Rolling Stones* (May 13, 1971), pp. 34–36
Hadenfield, Chris: »Citizen Hopper«. *Film Comment,* Vol. 22, No. 6 (Nov./Dec. 1986), pp. 62–73
Kent, Nick: »The Dark Stuff: The All-American Madness of Dennis Hopper«. *The Farce,* No. 88 (August 1987), pp. 44–51
Linderman, Lawrence: »A Rap with Mr. Easy Rider Concerning Movies, Drugs, James Dean, Shoot-Outs, the People Who Are Tearing This Country Down, etc.«. *Gallery* (December 1972), pp. 19–28
Quinn, Joan Agajanian: »Road's Scholar: Dennis Hopper«. *Interview* (December 1985), p. 238

Rosenbaum, Ron: »Riding High: Dennis Hopper Bikes Back«. *Vanity Fair* (April 1987), pp. 76–83
Stevenson, James: »Our Local Correspondents: Afternoons with Hopper«. *The New Yorker* (November 13, 1971), pp. 116–128
Ventura, Michael: »Dennis Hopper: Keeping it Moving«. *L.A, Weekly* (November 26–December 2, 1982), pp. 18–19
White, Garrett and Dean, Robert: »Art of the Sixties: Another Side of Dennis Hopper«
Penn, Sean; Duvall, Robert; Hopper, Dennis: »Colors«. *City, Helsingin Kuukausilehti* (July 1988), pp. 8–10

Texte von Dennis Hopper

»Hopper, Dennis: How Far to *The Last Movie*«. *Monthly Film Bulletin*, Vol. 49, No. 585 (October 1982), pp. 219–220
»Into the Issue of the Good Old Time Movie Versus the Good Old Time«. *Easy Rider,* edited by Nancy Hardin and Marilyn Schlossberg (New York, Signet, 1969), pp. 7–11

Bildquellenhinweis:

Alle Fotos für diesen Band stellte uns freundlicherweise das Deutsche Institut für Filmkunde Frankfurt/Main zur Verfügung.